rororo sport
Herausgegeben von Bernd Gottwald

Kuno Hottenrott / Martin Zülch

Ausdauertrainer

MOUNTAINBIKING

Training mit System

**Mit Fotos von
Horst Lichte**

Rowohlt

Originalausgabe
Veröffentlicht im
Rowohlt Taschenbuch Verlag GmbH,
Reinbek bei Hamburg, Juni 1997
Copyright © 1997 by
Rowohlt Taschenbuch Verlag GmbH,
Reinbek bei Hamburg
Umschlaggestaltung Peter Wippermann / Jürgen Kaffer
Foto: IFA-Bilderteam-Ventura
Grafik Jörg Mahlstedt
Satz Minion und Syntax PostScript,
QuarkXPress 3.32
Gesamtherstellung Clausen & Bosse, Leck
Printed in Germany
1690-ISBN 3 499 19455 4

INHALT

MOUNTAINBIKING

Mountainbiking ist eine spektakuläre Sportart, die selbst konservative Straßenrad-sportler in ihren Bann zieht. Die rasante Entwicklung bei den Mountain-, Trekking- und Allterrainbikes ist unverkennbar. Die Offroad-Räder sind multifunktional und komfortabel als Alltagsverkehrsmittel und als Sportgerät einsetzbar. Die breiten Reifen, der stabile Rahmen und die differenzierte Schaltung ermöglichen das Fahren im Gelände abseits asphaltierter Straßen. Mountainbiking bietet die Möglichkeit, die freie Natur als aktiven Freizeit- und Erlebnisraum zu erschließen. Jede Jahreszeit zeichnet ein anderes Bild der Landschaften. Wenn Sie sich schon mal mit dem Bike durch den Schnee gekämpft haben, durch frühlingserwachende grüne Täler gefahren sind, sich gar bei hochsommerlicher Hitze einen steilen Berg ‹hinaufgeschwitzt› oder einfach von den Farben eines herbstlichen Blätterwaldes betört die Natur genossen haben, dann wissen Sie, welche Eindrücke eine Fahrt auf dem Mountainbike für Sie bereit-hält. Dabei spielt es keine Rolle, ob Sie auf Tour sind oder sich im sportlichen Training befinden. Im Mountainbiking scheinen sich zwei Strömungen zu treffen, die eher na-turverbundenen Zeitgenossen, die das Fahrrad als umweltfreundliches Fortbewe-gungsmittel nutzen, und die Technikfreaks, für die das Mountainbike einfach Aus-druck von Kreativität und technischer Innovation ist. Beide Seiten profitieren offensichtlich voneinander.

Das MTB ist das ideale Sportgerät für Freizeit und Urlaub, mit dem Sie sich fit und gesund halten können. Als Reiserad mit Gepäck beladen werden Extremtouren wie Wüsten- und Kontinentdurchquerungen und das Befahren der höchsten Pässe auf dem Dach der Welt möglich. Als Wettkampfdisziplinen haben sich im Mountainbiken das Cross-Country, Downhill und das Trailfahren weitgehend unabhängig voneinan-der etabliert. Beim Trailfahren sind anspruchsvolle Geschicklichkeitsparcours mit BMX-ähnlichen Spezialrädern zu bewältigen. Downhillfahrer zeichnen sich durch Mut und Waghalsigkeit aus. Downhill, das ist ein wilder Ritt bergab ins Tal über Baumwurzeln, Steine, Baumstämme und Querrinnen, zwischen abgepolsterten Bäu-men hindurch, über steil abfallende Wiesen, durch ausgefahrene Kurven – Spektakel pur. Die Gefahren dieser Disziplin liegen auf der Hand. Bei Cross-Country, der olym-pischen Disziplin, werden im profilierten Gelände anspruchsvolle Rundkurse mehr-mals durchfahren. Neben technischen Fertigkeiten werden vor allem die konditionel-len Fähigkeiten Ausdauer und Kraft benötigt. Unabhängig davon, wie Sie Ihr Bike einsetzen, wir wollen in diesem Buch Wege aufzeigen, wie Sie die konditionellen Vor-aussetzungen schaffen können.

Technische Errungenschaften wie drahtlose Herzfrequenz- und tragbare Lactat-

Meßgeräte ermöglichen einfach und praxisnah, die wissenschaftlichen Methoden aus dem Hochleistungssport zu nutzen. Das Buch gibt konkrete Anweisungen, wie Sie die technischen Hilfsmittel in Ihrem Training praktisch anwenden können. Es werden verschiedene Testverfahren zur Ermittlung Ihrer individuellen Leistungsfähigkeit und Bestimmung der Trainingsintensitäten detailliert erläutert und eine Vielzahl von Trainingsprogrammen sowie mehrwöchigen Trainingsplänen für unterschiedliche Leistungsklassen vorgestellt. Mit dem «Ausdauertrainer» können Sie direkt, ohne größeres theoretisches Vorwissen, sofort beginnen, professionell zu trainieren. Die wichtigsten Fragen zum Training, zur Ernährung und Regeneration, zum Krafttraining und zur Gymnastik werden beantwortet.

Um mit dem «Ausdauertrainer» richtig arbeiten zu können, empfehlen wir Ihnen folgende Vorgehensweise:
1. Bestimmen Sie Ihre aktuelle Leistungsfähigkeit mit den angebotenen Testverfahren.
2. Ordnen Sie sich in eine der vorgegebenen Leistungsklassen ein, und wählen Sie den entsprechenden Mehrwochentrainingsplan aus!
3. Beginnen Sie mit dem Training!
4. Nach 4 bis 6 Wochen sollten Sie Ihre Leistungsfähigkeit neu bestimmen und die Trainingsintensitäten an Ihre aktuelle Leistungsfähigkeit anpassen.

Auch wenn wir Ihnen mit den Trainingsplänen sehr konkrete Vorgaben machen, sollten Sie den «Ausdauertrainer» flexibel handhaben und an Ihre persönlichen Voraussetzungen und Gegebenheiten anpassen.

AUSRÜSTUNG

Die richtige Ausrüstung hat großen Anteil daran, wieviel Spaß Sie am Mountainbiking haben werden. Mit dem passenden Bike, dem erforderlichen Equipment und einer funktionellen Bekleidung für jedes Wetter haben Sie gute Voraussetzungen für ein systematisches Mountainbiketraining. Die folgenden Tips können Ihnen helfen, den Fachhändler gezielt zu befragen.

Das Mountainbike

Die verschiedenen Mountainbike-Disziplinen haben zu einer Spezialisierung der Räder geführt. Während man beim Cross-Country-Rad am ehesten das ursprüngliche Mountainbike erkennt, braust der Downhill-Racer auf futuristischen Full-Suspension-Bikes (vollgefedert) zu Tal. Und der Trail-Fahrer hüpft und balanciert auf BMX-ähnlichen ‹Kinderrädern› über Geschicklichkeitsparcours. In welcher Disziplin Sie auch aktiv sind, Sie können Ihre Leistung nur erbringen, wenn Ihr Rad auf die spezifischen Anforderungen und Ihre individuellen Körpermaße abgestimmt ist.

Für Cross-Country-Räder sollte die Rahmenhöhe so bemessen sein, daß Sie im Stand etwa eine Handbreit zwischen Schritt und Oberrohr Platz haben. Genauer können Sie die Rahmenhöhe nach folgender Formel berechnen:

- Schritthöhe (cm) x 0,66 minus 8–10 cm für Racebikes oder sportliche Fahrer, die extremes Gelände befahren.
- Schritthöhe (cm) x 0,66 minus 5–8 cm für Alltags- und Tourenmountainbikes.

Die Länge von Oberrohr und Vorbau ist davon abhängig, in welchem Gelände das Rad zum Einsatz kommen soll. Tourenräder sind kürzer gehalten und ermöglichen ein bequemes Fahren in relativ aufrechter Körperhaltung. Wettkampfräder sind dagegen länger, um auch steile Anstiege mit starker Oberkörpervorlage erklimmen zu können. Die Sattel-Lenker-Überhöhung sollte etwa 10 cm betragen.

Ein weiteres wichtiges Maß ist der Radstand (Abstand zwischen der Vorder- und Hinterradnabe). Der Radstand ist abhängig vom Steuer- und Sitzrohrwinkel und von der Länge des Oberrohrs und der Kettenstrebe. Bei Tourenrädern und bei Downhill-Racebikes empfiehlt sich ein etwas längerer Radstand, da der Geradeauslauf und die Spurtreue wesentlich höher sind und das Rad auch noch bei hohen Geschwindigkeiten ruhig läuft. Wollen Sie Ihr Rad jedoch auf einem sehr ‹eckigen› Kurs mit vielen engen Kurven befahren, sollten Sie einen kürzeren Radstand bevorzugen. Dadurch wird das Rad agil und reagiert sehr schnell auf Richtungsänderungen. Beim Allroundrad für den täglichen Gebrauch versucht man beide Eigenschaften zu vereinen.

Mountainbike-Rahmen
mit Federgabel

A – Oberrohr
B – Steuerrohrwinkel
C – Federgabel
D – Unterrohr
E – Tretlager
F – Kettenstrebe
G – Sitzrohr
H – Sitzrohrwinkel

Von Vorteil ist es, das neue Bike vor dem Kauf probezufahren, um im wahrsten Sinne des Wortes zu erfahren, wie es reagiert und ob Sie sich darauf wohl fühlen. Der Fachmann vor Ort kann am besten das Bike auf Ihre individuellen Anforderungen ‹zuschneiden›.

Equipment

Reifen

Die Art der Reifen und der Reifendruck müssen auf die spezifischen Bedingungen des Untergrundes abgestimmt sein. Generell unterscheidet man vier Arten von Reifen:

1. Slicks: Reifen ohne Profil mit 1 bis 1,2 Zoll Breite für den Einsatz auf der Straße.
2. Semislicks: Reifen ohne Mittelprofil, aber mit Außenstollen in einer Breite von 1,25 bis 1,75 Zoll für trockenes Gelände mit festem Untergrund.
3. Stollenreifen – der klassische Reifen mit Negativprofil für schweres Gelände mit einer Breite von 1,5 bis 2,5 Zoll. Die groben, nach außen zeigenden Stollen sorgen für gute Kurventraktion und bieten einen sicheren Griff im nassen, rutschigen und schlammigen Gelände. Das Profil sollte so beschaffen sein, daß sich der Reifen während der Fahrt selbst reinigt. Auf Asphalt ist dieser Reifen nicht zu empfehlen, da er laut und rauh läuft und der hohe Gummiabrieb die Lebensdauer arg verkürzt.
4. Tourenreifen: Reifen mit Mittelsteg für ein ruhiges Fahren auf der Straße und mit seitlichem Profil für die Fahrt auf leichten Feld- und Waldwegen. Nicht zu empfehlen ist der Einsatz auf nassem und weichem Untergrund, da der erhöhte Mittelsteg eine feste Verbindung von Stollen und Untergrund verhindert.

Fast alle Reifen sind in unterschiedlichen Gummimischungen verfügbar. Es gibt extrem weiche Reifen, die für das Fahren auf Schnee und rutschigem Untergrund geeignet sind. Mit Reifen, die zusätzlich mit Spikes versehen sind, können Sie sogar auf Eis fahren. Je härter die Gummierung, desto geringer ist der Abrieb.

Neben der Art des Reifens hat der Reifendruck im Mountainbiking einen hohen Einfluß auf die Fahreigenschaften. Generell sollten Sie dabei die Angaben der Reifen-

hersteller berücsichtigen. Während im Straßenradsport ein möglichst hoher Reifendruck zur Reduzierung des Rollwiderstandes angestrebt wird, ist es im Mountainbiking oft sinnvoll, mit weniger Reifendruck zu fahren. Ein niedriger Reifendruck
(2−3,5 bar) bietet sich für «schweres Gelände» an. Sie haben bei rutschigem Untergrund einen besseren Grip, auf anspruchsvollen Trail-Strecken, auf steinigem, hartem
Untergrund mehr Komfort und insgesamt eine bessere Kontrolle über Ihr Rad. Im
«leichten Gelände» mit breiten befestigten Waldwegen und wenigen Singeltrails ist ein
höherer Reifendruck (4−4,5 bar) vorteilhafter. Allgemein gilt, je geringer die Zollstär-
ke des Reifens, desto höher muß der Reifendruck sein.

Sicherheits-Klick-Pedalen
Sie gewährleisten die beste Kraftübertragung und erleichtern den ‹runden Tritt› und
Fahrtechniken (Sprünge). Außerdem erhöhen sie die Fahrsicherheit und können Sie
vor einem ungewollten, verletzungsträchtigen Abrutschen von den Pedalen bewahren.

Werkzeug, kleine Ersatzteile und Luftpumpe
Damit Sie mögliche Defekte direkt im Gelände beheben können.

Trinkflasche / Trinksäcke
Unbedingt sicherzustellen ist eine hinreichende Flüssigkeitszufuhr während längerer
Trainingsfahrten. Beträgt die Dauer der Einheit mehr als drei Stunden, sollten Sie min-
destens 1,5 l Flüssigkeit mitführen.

Kilometerzähler
Für die Trainingsprotokollierung und Kräfteeinteilung interessant. Wichtiger noch als
die zurückgelegten Kilometer ist die Feststellung der Belastungsdauer.

Tretfrequenzmesser
Um bei den Trainingseinheiten den vorgegebenen Tretfrequenzbereich einhalten zu
können.

Höhenmesser
Um die Belastungsstruktur eines Bergtrainings oder eines Trainings in profiliertem
Gelände erfassen zu können, sind die gefahrenen Höhenmeter von Bedeutung.

Herzfrequenz- und Lactatmeßgerät
Zur effektiven Trainingsgestaltung gehören die Steuerung und Kontrolle der Belastungsintensität. Für das Mountainbiken sind Herzfrequenz und Lactat die aussage-
kräftigsten Kennzeichen zur Beurteilung der Beanspruchung.

Bekleidung

Mit einer funktionsgerechten, den Witterungsbedingungen angepaßten Bekleidung
können Sie ganzjährig trainieren. Im Sommer tragen Sie gutbelüftete Kleidung, die die

Wärmeabgabe des Körpers erleichtert. Bei kälteren Temperaturen und bei Nässe schützt Sie eine atmungsaktive, wind- und wasserdichte Kleidung. Die Kleidung soll bequem sein, also große Bewegungsfreiheit ermöglichen, gleichzeitig aber so eng anliegen, daß sie während der Fahrt nicht im Wind flattert.

Es ist zweckmäßig, je nach Temperatur, Luftfeuchtigkeit und Fahrgeschwindigkeit mehrere dünne Kleidungsstücke nach dem «Zwiebelschalensystem» übereinanderzutragen, anstatt wenige ausladende, womöglich gefütterte Einzelstücke anzuziehen. Kälte wird in ihrer Wirkung durch Wind und Feuchtigkeit verstärkt (windchill-factor, s. Tabelle Seite 141), besonders wenn Sie auf der Straße über längere Zeit mit hoher Geschwindigkeit fahren.

Einen wirkungsvollen Schutz vor allem gegen den Fahrtwind bei längeren Abfahrten bietet Windlatz bzw. Windweste, aber auch der alte Trick mit der Zeitung unter dem Trikot schützt den Körper wirkungsvoll vor Wind und der damit einhergehenden Auskühlung.

Exponierte Körperteile wie Ohren, Nasenspitze, Finger und Zehen unterkühlen besonders leicht und müssen geschützt werden. Kälte vermindert die Durchblutung und führt zu geringerer Schmerzempfindung.

Handschuhe
Ein atmungsaktiver und feuchtigkeitsabweisender Finger- bzw. Zweifingerhandschuh mit verstärkter und gepolsterter Handfläche schützt Sie vor Kälte und Hautabschürfungen bei einem möglichen Sturz. Zweckmäßig ist außerdem ein Frotteeaufsatz auf dem Handrücken, mit dem Sie sich den Schweiß abwischen können. Bei sommerlichen Temperaturen sollte der fingerlose, klassische Radhandschuh als Protector getragen werden.

Kopfbedeckung
Obligatorisch ist das Tragen eines den Sicherheitsnormen entsprechenden Radhelms. Wichtig ist, daß der Helm genau paßt und vor der Fahrt geschlossen wird. Sehr viel Wärme verliert der Körper über den Kopf. Bei kalten Temperaturen ist es daher sinnvoll, unter dem Radhelm eine dünne Sturmhaube oder ein Stirnband anzuziehen. Zusätzlich können Sie die Belüftungsschlitze mit Klebeband verschließen. Bei warmen Temperaturen muß der Helm einen wirksamen Schutz vor der Sonneneinstrahlung bieten und durch große Belüftungsschlitze vor Überhitzung schützen.

Funktionsunterwäsche
Die Funktionsunterwäsche muß Sie warm halten und den Schweiß nach außen transportieren, ohne naß zu werden. Eigens für sportliche Zwecke entwickelte Wäsche wird in vielfältiger Form angeboten. Man sollte besonders auf Hautfreundlichkeit achten und darauf, daß die Wäsche den Körpergeruch nicht annimmt.

Radhose
Radhosen haben im Gesäßbereich einen gepolsterten Einsatz, um vor allem bei länge-

ren Radausfahrten vor Druckstellen und Schwielen zu schützen. Lange Radhosen haben außerdem einen Windschutz auf der Beinvorderseite und im Genitalbereich. Spezielle lange Hosen für Downhill-Racer haben eingearbeitete Protectoren.

Wechseln Sie täglich Ihre Radhose, um Druckstellen und Entzündungen zu vermeiden. Dadurch lassen sich Druckstellen durch Nähte vermeiden. Sitzcremes schützen vor Wundsitzen und desinfizieren.

Fußbekleidung
Da die Füße beim Radfahren wenig bewegt werden, neigen sie zur Auskühlung. Sie haben mehrere Möglichkeiten, Ihre Füße warm zu halten:
- wärmende und nässeabweisende Socken (Goretex oder Neopren)
- wasserundurchlässige und/oder wärmende Überschuhe
- Kälteschutzcremes
- akkubetriebene heizbare Einlegesohlen für den Schuh.

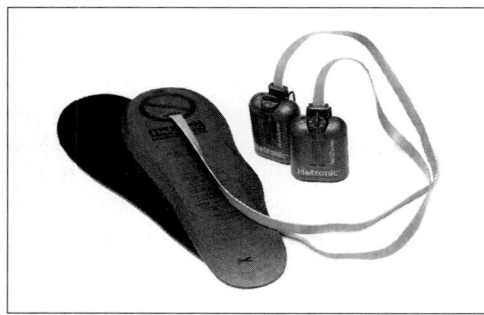

Hotronic®-Fußwärmer

Brille
Die ideale Brille ist beschlagfrei und bruchsicher, bietet durch einen UV-Filter Schutz vor Sonnenstrahlung und verhindert, daß aufspritzender Dreck, Fliegen oder Fahrtwind (Tränen) die Sicht beeinträchtigen. Die Gläser haben eine neutrale Farbwiedergabe (grau oder braun) und passen sich den Lichtverhältnissen an. Seitliche Sonneneinstrahlung können Sie durch gebogene Gläser verhindern. Bei schlechter Sicht nehmen Sie ein weißes oder gelbliches Brillenglas, um Kontraste besser herauszustellen.

Auch wenn wir Ihnen mit diesem Buch in erster Linie bei der Verbesserung Ihrer körperlichen Leistungsfähigkeit behilflich sein möchten, halten wir es für angebracht, wenigstens ein paar grundlegende Orientierungshilfen zu Fragen des Materials zu geben. Gerade bei einer Sportart wie dem Mountainbiking, die sich rasant von Jahr zu Jahr weiterentwickelt und bei der die Wahl des richtigen Materials eine so große Bedeutung hat. Mit diesem Kapitel erheben wir nicht den Anspruch auf Vollständigkeit, was bedeutet, daß Sie vor größeren Neuanschaffungen auf jeden Fall eine fachkundige Beratung im Radsportfachgeschäft einholen sollten.

DIE RICHTIGE
TRAININGSBELASTUNG

Aerobe und anaerobe Energiebereitstellung

Wie Sie aus eigener Erfahrung wissen, benötigt man zum Mountainbiking viel Energie. Unser Organismus besitzt als universelle Energiequelle für nahezu sämtliche Stoffwechselprozesse das Adenosintriphosphat (ATP). Der ATP-Vorrat in der Muskulatur reicht jedoch nur für wenige Muskelkontraktionen. Neues ATP muß aus anderen Energieträgern bereitgestellt (resynthetisiert) werden. Zur Wiederauffüllung des ATP-Pools gibt es verschiedene Möglichkeiten. Zur schnellen Resynthese des ATPs wird das energiereiche Kreatinphosphat genutzt. Für länger andauernde Muskelarbeit (Bewegungen) müssen Sie energieliefernde Substrate mit der Nahrung aufnehmen. Energetische Substrate sind in erster Linie Traubenzucker (Glukose) und Fettsäuren, in geringerem Maße auch Aminosäuren (Eiweißbausteine). Um diese Substrate zur Herstellung von Energie bzw. zum Aufbau von ATP nutzen zu können, stehen prinzipiell zwei Abbauwege zur Verfügung: der aerobe (mit Sauerstoff) und der anaerobe (ohne Sauerstoff) Substratabbau.

Welchen Abbauweg und welche Substrate Ihr Organismus zur Energiegewinnung nutzt, ist primär von der Belastungsintensität und der Belastungsdauer abhängig.

Bei der **aeroben Energiegewinnung** werden Glukose (Traubenzucker) und die freien Fettsäuren unter Sauerstoffverbrauch in den Kraftwerken der Muskelzellen (Mitochondrien) vollständig in einem relativ langsamen Stoffwechselprozeß zu Wasser und Kohlendioxid abgebaut. Aufgrund der hohen Energievorräte in unserem Körper, besonders der nahezu unerschöflichen freien Fettsäuren, steht uns bei sehr niedriger Belastungsintensität der aerobe Stoffwechselweg über mehrere Stunden ohne Leistungsverlust zur Verfügung. Erhöhen Sie hingegen die Belastungsintensität über ein gewisses Maß, können Sie den sauerstoffabhängigen aeroben Weg der Energiegewinnung zunehmend weniger nutzen. Der schnellere anaerobe Weg der Energiegewinnung gewinnt an Bedeutung. Beim **anaeroben Weg** kann der Organismus ausschließlich Glukose im Zellwasser (Zytoplasma) der Muskelzelle ohne Mitwirkung von Sauerstoff zu Lactat (Salz der Milchsäure) abbauen. Bei zu hoher Intensität spüren Sie, wie Ihre Muskulatur übersäuert. Die Lactatanhäufung ist höher als der Lactatabbau. Lactat wird über den Blutweg zu Leber, Herz, Nieren und unbelasteter Muskulatur transportiert, um dort verstoffwechselt bzw. eliminiert zu werden. Wieviel Lactat Sie pro Zeiteinheit eliminieren können, ist von Ihrem Trainingszustand abhängig und beträgt etwa 0,3–0,5 mmol/l pro Minute.

Während die freien Fettsäuren nur über den aeroben Weg verbrannt werden (= ß-Oxidation), kann die Muskelzelle Kohlenhydrate (Glukose) in Abhängigkeit von der Belastungsintensität auf aerobem (= aerobe Glykolyse) und anaerobem Weg (anaerobe Glykolyse) zur Energiegewinnung nutzen. Lactat entsteht jedoch nur bei der **anaeroben Glykolyse** bzw. immer dann, wenn Sie kurzfristig, wie bei hochintensiven Belastungen der Fall, sehr viel Energie benötigen. Ob nun aber der langsamere **Fettstoffwechsel** oder der schnellere **Kohlenhydratstoffwechsel** primär genutzt wird, ist in erster Linie von der Belastungsintensität abhängig. Die Übergänge vom einen zum anderen Stoffwechselweg sind fließend, bei Ausdauerbelastungen werden immer beide Wege zu unterschiedlichen Teilen genutzt. So werden beispielsweise beim Fettstoffwechseltraining (s. Programm 3) nicht ausschließlich freie Fettsäuren verbrannt, sondern zu einem geringen Anteil auch Kohlenhydrate.

Alle Stoffwechselwege sind trainierbar! Wenn Sie gut ausdauertrainiert sind, können Sie auch bei etwas höherer Intensität freie Fettsäuren verbrennen, mit der Folge, daß Sie Ihre Kohlenhydratspeicher weniger schnell entleeren. Sie haben also für eine längere Dauer oder aber bei Zwischen- und Endspurts noch schnell verfügbare Energie. Sind die Kohlenhydratspeicher völlig erschöpft, kommt es zur Unterzuckerung. Diesen Erschöpfungszustand können und müssen Sie vermeiden, indem Sie bei intensiven und sehr langen Belastungen in regelmäßigen Abständen kohlenhydrathaltige Flüssigkeit trinken. Grundsätzlich besteht eine Beziehung zwischen der Lactatkonzentration im Blut und der Belastungsintensität. Es gilt: Je intensiver Sie sich muskulär beanspruchen, desto höhere Lactatwerte werden Sie messen. Vor diesem Hintergrund ordnet man bestimmte Lactatkonzentrationen bestimmten Trainingsbereichen zu (s. S. 15). Allgemein bezeichnet man eine Trainingsbelastung als aerob, wenn die Lactatkonzentration nicht über 2 mmol/l ansteigt, als aerob-anaerob, wenn Werte zwischen 2 und 4 mmol/l gemessen werden. Bei Lactatkonzentrationen von über 4 mmol/l spricht man von anaeroben, bei über 10 mmol/l von stark anaeroben Belastungen.

Die höchste Wirkung des Mountainbiketrainings auf die Ausdauerentwicklung erzielen Sie, wenn Sie die Trainingsintensität und die Belastungsdauer «richtig» aufeinander abstimmen. Nach subjektivem Körperempfinden gelingt dies nur wenigen erfahrenen Sportlern. Oft wird eine Leistungsentwicklung behindert, weil die Belastungsintensität entweder zu hoch oder zu niedrig gewählt wurde. Immer noch glauben viele Radsportler, je intensiver das Training, desto effektiver. Daß diese Vorstellung falsch ist, konnten viele wissenschaftliche Studien belegen. Die Ausdauer läßt sich nämlich am besten und wirkungsvollsten bei niedriger bis mittlerer Intensität und bei langer Belastungsdauer entwickeln. Wozu also die häufige Quälerei, wenn sie doch nicht das bewirkt, was man eigentlich erreichen möchte. Mit der «richtigen» Trainingsintensität sind Sie auch nach längeren Fahrten nicht so müde und kaputt wie nach einer nur kurzen, aber dafür um so intensiveren Trainingseinheit. «Richtig» bedeutet in diesem Zusammenhang, daß zur Entwicklung bestimmter Fähigkeiten, z. B. der Grundlagenausdauerfähigkeit, bestimmte Trainingsintensitätsbereiche erforderlich sind. Die Trainingsbereiche werden durch Angabe einer oberen und unteren

Herzfrequenz- bzw. Lactatgrenze, durch die Dauer der Einzelbelastung, die zu fahrende Tretfrequenz und die Trainingsmethode definiert. In der Tabelle wird ein Überblick über die Trainingsbereiche gegeben.

Die Basisausdauer erwerben Sie sich mit dem extensiven Grundlagenausdauertraining 1 (GA 1) und dem etwas intensiveren GA 1/2-Training. Das Niveau der Basisausdauer können Sie mit dem intensiveren Grundlagenausdauertraining 2, auch als Training im Entwicklungsbereich (EB) bezeichnet, weiterentwickeln. Die Kraftausdauer (KA) wird mit extensiven KA 1- und intensiven KA 2-Trainingseinheiten und die wettkampfspezifische Ausdauer (WSA) mit den hoch intensiven Einheiten im Spitzenbereich (SB) trainiert.

Überblick über die Trainingsbereiche

Training	Ziel	Intensität/ Tretfrequenz	Methode
REKOM	Unterstützung der Regenerationsprozesse	sehr niedrig etwa 60 % der Hfmax Lactat bis 2 mmol/l Tf: 80–100 U/min	Dauermethode
GA 1	Stabilisierung und Entwicklung der Grundlagenausdauer	niedrig bis mittel 60–70 % der Hfmax Lactat 1,5–2,5 mmol/l Tf: 85–110 U/min	Dauermethode
GA 1/2	Ökonomisierung und Entwicklung der Grundlagenausdauer	mittel 70–80 % der Hfmax Lactat bis 3 mmol/l Tf: 85–110 U/min	(wechselhafte) Dauermethode Fahrtspiel
EB (GA 2)	Erhöhung und Entwicklung der Grundlagenausdauer	mittel bis hoch 80–90 % der Hfmax Lactat 3–6 mmol/l Tf: 80–120 U/min	Dauermethode Fahrtspiel extensive Intervalle
SB (WSA)	Ausprägung der wettkampfspezifischen Ausdauer	hoch bis sehr hoch über 90 % der Hfmax Lactat über 6 mmol/l Tf: 80–110 U/min	Wettkampfmethode intensive Intervalle Wiederholungs- methode
KA 1	Entwicklung der aeroben Kraftausdauer	mittel 70–80 % der Hfmax Lactat bis 3 mmol/l Tf: 40–70 U/min	Dauermethode extensive Intervalle
KA 2	Entwicklung der anaeroben Kraftausdauer	hoch bis sehr hoch bis 90 % der Hfmax Lactat 4–7 mmol/l Tf: 40–80 U/min	Wettkampfmethode intensive Intervalle Wiederholungs- methode

Wie Sie die Belastungsintensität für Ihr Training selbst bestimmen und kontrollieren können, wird nachfolgend mit der Lactat- und Herzfrequenzmessung erläutert.

Lactatmessung

Die Lactatmessung im Sport bietet umfassende Möglichkeiten der Leistungsbeurteilung und der Belastungsgestaltung im Training. War in der Vergangenheit die Lactatmessung dem Hochleistungssport und den sportmedizinischen Instituten vorbehalten, können nun auch Sie durch die neue, einfach zu bedienende trockenchemische Lactatmeßmethode davon profitieren. Dazu steht Ihnen ein handliches Meßgerät («Accusport lactat») zur Verfügung, mit dem Sie die Lactatkonzentration im Blut in wenigen Sekunden selbst messen können. Die Kontrolle Ihrer Trainingsintensität ist also jederzeit möglich. Wollen Sie beispielsweise den Fettstoffwechsel trainieren, dürfen Sie nicht zu intensiv fahren. Fahren Sie zu schnell, wird fast ausschließlich der Kohlenhydratstoffwechsel beansprucht, und ein Trainingsreiz auf den Fettstoffwechsel bleibt aus. Der gemessene Lactatwert dürfte in diesem Fall nicht höher als 2 mmol/l liegen. Sie erhalten also mit der Lactatmessung eine sofortige Rückmeldung, ob Sie auch tatsächlich im angestrebten Intensitätsbereich trainieren.

Für die **Eigenbestimmung des Blutlactats** benötigen Sie etwas Übung. Bevor Sie das Meßgerät im Training oder gar bei einem Test einsetzen, sollten Sie sich die einzelnen Handgriffe in Ruhe, am besten schon zu Hause, genau eingeprägt haben; so geht's:

Vor der Lactatmessung wird die aktuelle Belastungsherzfrequenz registriert. Schalten Sie danach das Lactatschnellmeßgerät ‹Accusport lactat› ein.

Nehmen Sie einen Teststreifen und schieben ihn in das Meßgerät. Nach dem Signalton
können Sie die Klappe öffnen.

Stechen Sie die Fingerbeere seitlich an.
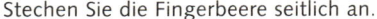

Lassen Sie einen großen Blutstropfen auf das gelbe Feld des Teststreifens tropfen, nicht abstreifen! Schließen Sie die Klappe und warten Sie, bis nach wenigen Sekunden der Lactatwert angezeigt wird.

Lactatkontrollen geben Ihnen ein Biofeedback über die aktuelle Beanspruchungsstärke. Haben Sie Lactatmessungen im Training mehrmals vorgenommen, werden Sie eine gewisse Sensibilität für die Belastungsintensität entwickeln, d. h., daß Sie für bestimmte Anstrengungen Lactatwerte als Ausdruck der inneren Beanspruchung voraussagen und somit systematisch und zielorientiert trainieren können. Ist ein Gefühl für die Belastungsintensität vorhanden, reicht es, wenn Sie von Zeit zu Zeit Lactatmessungen durchführen, quasi um die Richtigkeit Ihres Gefühls zu kontrollieren.

Feldstufentest

Der Feldstufentest auf dem Mountainbike ist ein Verfahren zur Bestimmung der Ausdauerleistungsfähigkeit und der Trainingsbereiche (Programm 15). Kenngröße der Ausdauerfähigkeit ist Ihre Leistung an der individuellen aeroben und anaeroben Schwelle. Die **individuelle aerobe Schwelle** kennzeichnet den Bereich des optimalen sauerstoffabhängigen Energiestoffwechsels. Die Lactatkonzentration liegt bei etwa 2 mmol/l, bei Hochtrainierten in der Regel unter 1,5 mmol/l. Die **individuelle anaerobe Schwelle** kennzeichnet jene Belastungsintensität, bei der Lactatbildung und -abbau gerade noch im Gleichgewicht stehen. Höhere Intensitäten führen zu einem rapiden Anstieg der Lactatkonzentration im Blut. Der Lactatwert an der anaeroben Schwelle liegt bei etwa 4 + 1 mmol/l. Bei sehr gut trainierten Mountainbikern kann der indivi-

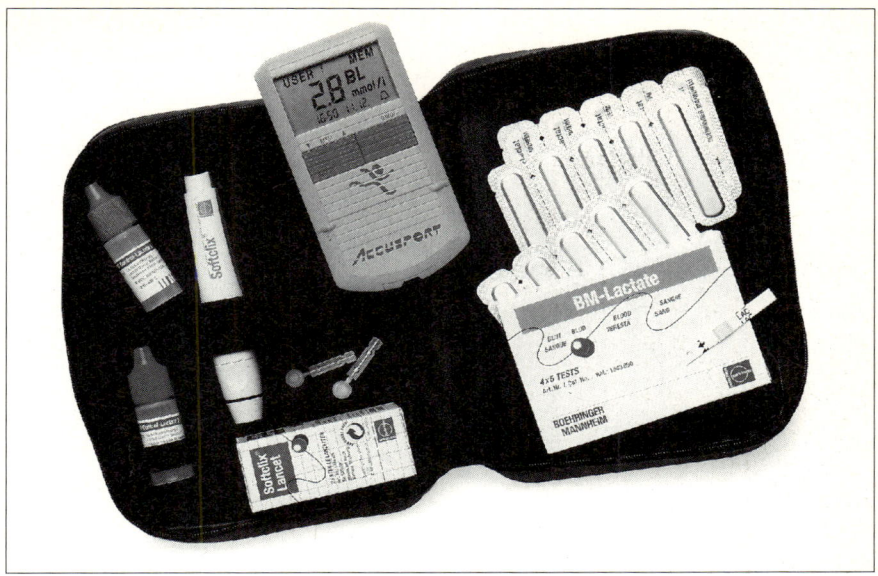

Meßgerät zur Eigenbestimmung des Blutlactats (‹Accusport lactat›, Hestia Mannheim)

duelle anaerobe Schwellenwert auch unter 3 mmol/l sein. Der Bereich zwischen der aeroben und anaeroben Schwelle wird als aerob-anaerober Übergangsbereich bezeichnet. Wie Sie Ihre individuelle aerobe und anaerobe Schwelle bestimmen, erklären wir anhand einer konkreten Testauswertung.

Testdurchführung
Um eine möglichst sichere Testaussage zu erhalten, muß die Länge der Teststrecke in Abhängigkeit von Ihrer derzeitigen Ausdauerleistung gewählt werden. Je besser Sie trainiert sind, desto länger sollte die Teststrecke sein. Wir empfehlen für Hobbybiker leicht profilierte Strecken von etwa 3000 m und für Amateure 4000 bis 5000 m. Bei einer zu kurzen Teststrecke (z. B. 2000 m) ist die Belastungszeit möglicherweise zu kurz, um das in der Beinmuskulatur gebildete Lactat in der Fingerbeere oder dem Ohrläppchen unmittelbar nach der Stufenbelastung zu messen. Die Teststrecke kann aber auch zu lang sein, nämlich dann, wenn Sie auf der letzten Stufe so stark ermüdet sind, daß Sie im hochintensiven Bereich nicht mehr fahren können. Eine Beurteilung Ihrer anaeroben Leistungsfähigkeit ist dann nur sehr eingeschränkt möglich.

Der Feldtest beginnt nach 15minütigem lockerem Einfahren. Sie fahren die erste Belastungsstufe mit geringer Beanspruchung im aeroben Bereich (z. B. Herzfrequenz 110 – 120 Schläge/min) und messen unmittelbar danach Ihre Lactatkonzentration. Die

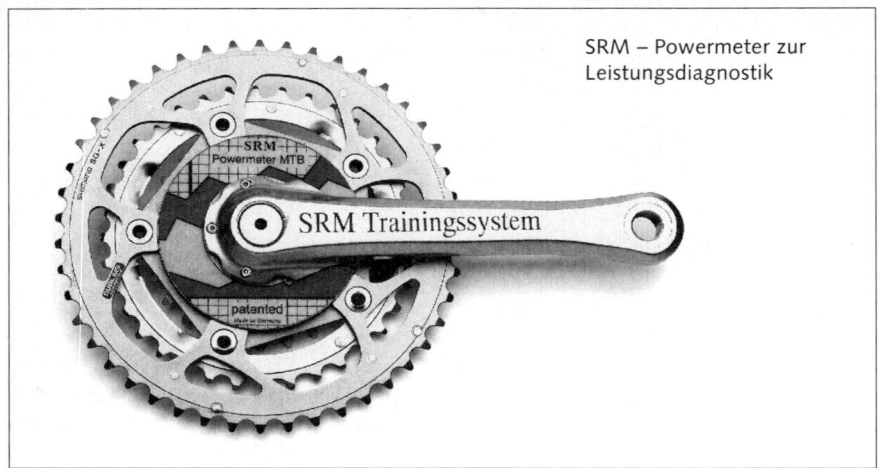

SRM – Powermeter zur
Leistungsdiagnostik

folgenden Stufen werden mit höherer Intensität gefahren. Für die Erhöhung der Belastungsintensität stehen Ihnen mehrere Möglichkeiten zur Verfügung:
1. Sie steigern die Geschwindigkeit jeweils um etwa 3 km/h,
2. Sie orientieren sich an der Herzfrequenz und erhöhen diese um 10 bis 15 Schläge/min auf jeder Stufe, oder
3. Sie erhöhen die Leistung nach jeder Belastungsstufe um etwa 30 Watt.
Für die 3. Variante benötigen Sie das Schoberer Meßsystem (SRM). Es ist ein Fahrradcomputer, der gleichzeitig die erbrachte Leistung in Watt, die Tretfrequenz, das Drehmoment, die Geschwindigkeit und die Herzfrequenz messen und abspeichern kann. Das System besteht aus einem speziellen Kettenblatt, dem sogenannten Powermeter, der über Dehnmeßstreifen die Tretleistung ermittelt. Mit diesen Informationen können Sie Ihre Leistung differenziert beurteilen.

Unabhängig davon, nach welcher Variante Sie den Feldstufentest durchführen, ist es aufgrund des Geländeprofils schwierig, die Intensitätsvorgabe auf einer Belastungsstufe konstant einzuhalten. Mit zunehmender Erfahrung werden Sie sich den Vorgaben im Mittel annähern. Diesen Schwierigkeiten entgehen Sie, wenn Sie für den Test die Trainingsrolle oder das Fahrradergometer benutzen. Sie haben dann zwar standardisierte Bedingungen, das Testresultat läßt sich jedoch nicht sicher auf das Training im Freien übertragen.

Testauswertung
Während des Tests wurde nach jeder Belastungsstufe die gefahrene Zeit mit den dazugehörigen Herzfrequenz- und Lactatwerten gespeichert. Diese Werte müssen Sie nun in ein sogenanntes Lactat- bzw. Herzfrequenz-Geschwindigkeits-Diagramm übertragen. Benutzen Sie am besten Millimeterpapier und zeichnen Sie wie in Abbildung

S. 22 zwei Ordinatenachsen (links Lactat, rechts Herzfrequenz) und eine Abszissen-achse für die Geschwindigkeit. Übertragen Sie dann die Meßwertpaare einer jeden Be-lastungsstufe von Herzfrequenz / Geschwindigkeit und Lactat / Geschwindigkeit in das Diagramm. Verbinden Sie die einzelnen Punkte zu einer Lactat-Geschwindigkeits-Kurve (La-Kurve) und einer Herzfrequenz-Geschwindigkeits-Kurve (Hf-Kurve). Für die Bestimmung der individuellen aeroben und anaeroben Schwelle gibt es mehrere Möglichkeiten. Wir werden Ihnen ein sehr praktikables Verfahren vorstellen, mit dem wir seit Jahren arbeiten und sehr gute Erfahrungen gemacht haben.

In Anlehnung an das Freiburger Modell entspricht der niedrigste Punkt der La-Kurve Ihrer individuellen aeroben Schwelle (AS). Im dargestellten Beispiel sind dies 1,3 mmol / l Lactat, gleichzeitig können Sie die dazugehörige Herzfrequenz von 125 Schlägen / min ablesen. Diese beiden Werte markieren die obere Grenze des GA-1-Trainings. Zur Bestimmung der individuellen anaeroben Schwelle (ANS) addieren Sie 1,5 mmol / l Lactat zur AS hinzu, Sie erhalten den Wert 2,8 mmol / l Lactat. Auch hier können Sie wieder die Herzfrequenz zuordnen, in unserem Fall 142 Schläge / min. Die-se beiden Werte markieren die untere Grenze des EB-Trainings. Die obere Grenze des EB-Trainings liegt bei etwa 6 mmol / l Lactat. Für unseren Biker ergibt dies eine Herz-frequenz von 162 Schlägen / min. Fahren Sie mit höheren Herzfrequenzen, trainieren Sie im SB-Bereich.

Eine Leistungsverbesserung stellt sich in dem Diagramm im Vergleich zu Vortests in einer Rechtsverschiebung der Hf- und La-Kurve dar. Das bedeutet, daß Sie bei glei-cher Geschwindigkeit niedrigere Lactat- und Herzfrequenzwerte haben.

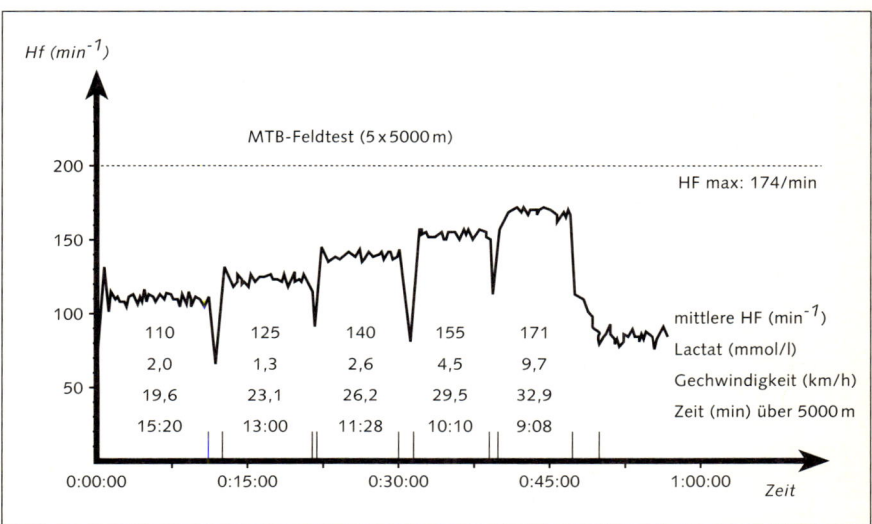

Verlaufskurve der Herzfrequenz, die Lactatwerte und die gefahrene Geschwindigkeit auf jeder Belastungsstufe während eines MTB-Feldstufentests.

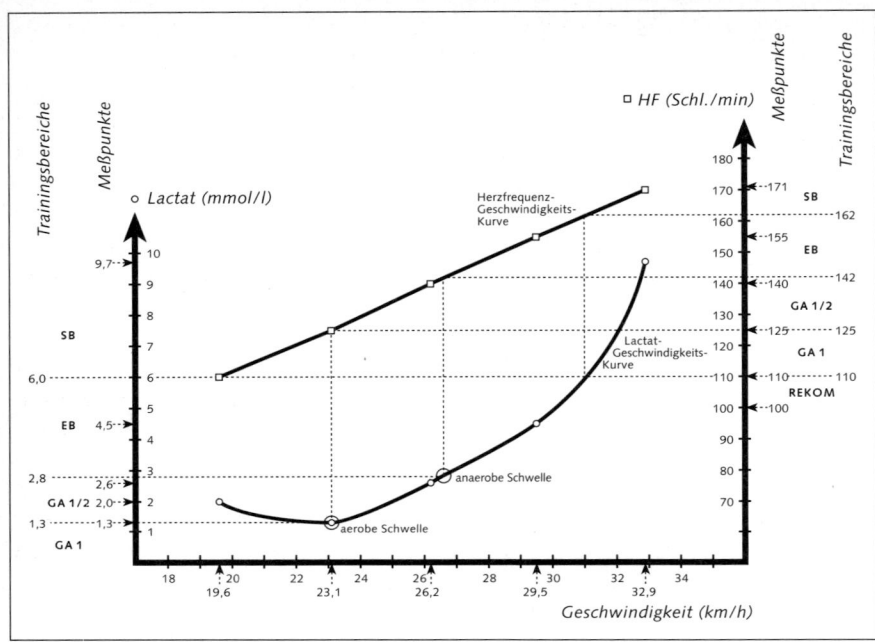

Diagramm zur Bestimmung der individuellen aeroben und anaeroben Schwelle sowie der Trainingsbereiche für das MTB-Training.

Einflußfaktoren auf den Lactatwert

Wenn Sie die Trainingsintensität mit Hilfe von Lactatmessungen steuern und kontrollieren, sollten Sie sich mit den Einflußfaktoren auf den Lactatspiegel auseinandersetzen, um einerseits standardisierte Testbedingungen zu schaffen und um andererseits die Meßwerte auch richtig einordnen und interpretieren zu können. Einfluß auf die Lactatbildung haben:

1. *Ernährung:* Haben Sie unmittelbar vor oder während der Belastung zuckerhaltige Getränke getrunken, so können die Lactatwerte im Vergleich zu reiner Wasserzufuhr höher ausfallen. Liegt die letzte Nahrungsaufnahme dagegen mehrere Stunden zurück, so sind etwas niedrigere Werte zu erwarten.

2. *Trainingsvorbelastung:* Durch Vorbelastungen würden Sie nicht nur Ihre Lactatwerte, sondern auch Ihre Herzfrequenzwerte beeinflussen. Sind Ihre Glykogenspeicher nicht hinreichend gefüllt, weil Sie am Vortag zu intensiv trainiert haben oder am Testtag schon trainiert haben, so wird auf den einzelnen Belastungsstufen meist weniger Lactat gebildet. Die Lactat-Geschwindigkeits-Kurve wäre nach rechts verschoben. In einem solchen Fall wäre eine verbesserte Leistungsfähigkeit im aerob-anaeroben Übergangsbereich nur vorgetäuscht.

3. *Bekleidung:* Bei sportlichen Aktivitäten sollten Sie immer auf eine den Temperatur- und Witterungsverhältnissen angepaßte Kleidung achten. Gewährleistet die Bekleidung keinen hinreichenden Wärmeaustausch, steigen die Herzfrequenz- und Lactatwerte an. Tragen Sie dagegen bei heißen Temperaturen Baumwolltrikots, die sich voll Schweiß saugen können, unterstützen Sie durch die entstehende Verdunstungskälte die Wärmeabgabe. Niedrigere Beanspruchung und niedrigere Herzfrequenz- und Lactatwerte sind die Folge.

4. *Testdesign:* Die Anzahl und Länge der Teilstrecken sowie die Erhöhung der Geschwindigkeit von Stufe zu Stufe haben einen Einfluß auf das Testergebnis. Standardisieren Sie von daher das Testverfahren nach den oben erläuterten Vorgaben.

5. *Tageszeit:* Wie Sie vielleicht aus eigenen Erfahrungen wissen, unterliegt die Leistungsfähigkeit einer Periodik im Tagesverlauf. So können Sie beispielsweise frühmorgens direkt nach dem Aufstehen noch keine Höchstleistung vollbringen. Damit Ihre Testergebnisse vergleichbar sind, sollten Sie die Tests immer zur selben Tageszeit durchführen.

Werden diese Einflußfaktoren bei der Festlegung der Trainingsbereiche nicht berücksichtigt, kann es passieren, daß Sie für die Belastungssteuerung falsche Intensitäten vorgeben.

Herzfrequenzmessung

Die Herzfrequenz wird gewöhnlich in Schlägen pro Minute angegeben. Dabei wird aus einer bestimmten Anzahl von Herzschlägen der Herzfrequenz-Minutenwert berechnet (z. B. gleitender Mittelwert über 5 Herzschläge). Nach der herkömmlichen palpatorischen Methode, d. h., den Puls an der Halsschlagader oder am Handgelenk zu fühlen, müßten Sie die Radfahrt unterbrechen, den Puls suchen und über 6 bis 10 Sekunden die Schläge zählen und daraus den Minutenwert berechnen. Nicht nur, daß Sie Ihr Training unterbrechen mußten, der ermittelte Wert war auch noch sehr ungenau, da gerade in den ersten 10 bis 20 Ruhesekunden die Herzfrequenz rapide sinkt. Der Meßfehler zur realen Herzfrequenz kann bis zu 20 Schläge pro Minute betragen, und das per Hand ermittelte Ergebnis verliert jegliche Aussagekraft. Mit einem Herzfrequenz-Meßgerät dagegen läßt sich jederzeit die Herzfrequenz auch während des Trainings permanent EKG-genau bestimmen. Damit Sie aus der Herzfrequenzmessung auch einen maximalen Nutzen schöpfen können, sind gewisse Kenntnisse erforderlich. Dazu zählen: Kenntnisse über die Ruhe-, Belastungs- und Erholungs-Herzfrequenz, Kenntnisse zur Herzfrequenz-Variabilität, Einflußfaktoren auf die Herzfrequenz, besondere Symptome der Herzfrequenz und die Bedeutung für das Training.

Ruhe-Herzfrequenz

Die Ruhe-Herzfrequenz bestimmen Sie morgens vor dem Aufstehen im Liegen über eine Minute palpatorisch. Ausdauertraining führt zu einer Hf-Verminderung in Ruhe. Ausdauertrainierte Mountainbiker haben eine verminderte Ruhe-Hf von 50 Schlägen/min und darunter. Bei Profis wurden Werte unter 40 Schlägen/min gemessen. Trotzdem besteht bei Ausdauertrainierten nur ein schwacher Zusammenhang zwischen der Ruhe-Herzfrequenz und der Ausdauerleistung. Die wichtigste Bedeutung hat die Herzfrequenz zur Kontrolle des Gesundheitszustandes. Erste Anzeichen für gesundheitliche Störungen, wie z. B. grippale Infekte, äußern sich in einer Erhöhung der Ruhe-Herzfrequenz. Ist diese um mehr als 10 Schläge/min erhöht, sollten Sie nicht oder nur mit geringer Intensität im REKOM-Bereich trainieren.

Trainings-Herzfrequenz

Die Trainings-Herzfrequenz hat für die Beurteilung der Belastungsintensität eine große praktische Bedeutung erlangt, da sie den Grad der körperlichen Beanspruchung widerspiegelt. Ohne ein tragbares Pulsmeßgerät läßt sich die aktuelle Belastungsherzfrequenz nicht exakt ermitteln.

Maximale Herzfrequenz und Wettkampfherzfrequenz

Die Hf_{max} ist abhängig von Ihrem Lebensalter, Ihrem Geschlecht, Ihrer Leistungsbereitschaft, Ihrer muskulären Mobilisationsfähigkeit und sportartspezifischen Leistungsfähigkeit. Kinder erreichen problemlos 200 Schläge/min. Auch Frauen neigen

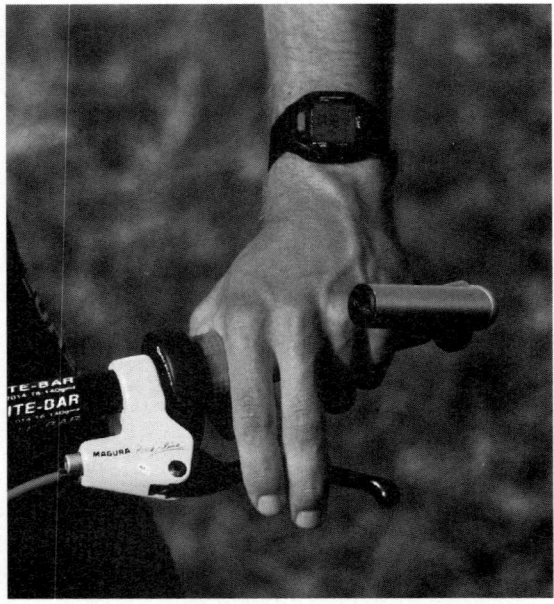

Mit der fortwährenden Herzfrequenzmessung kann die Belastungsintensität kontrolliert und exakt eingehalten werden.

zu höheren Herzfrequenzen, so daß Sportlerinnen bei gleicher Leistung etwa 10 Schläge/min höhere Hf-Werte haben als Sportler. Der aus der Formel «Maximale Herzfrequenz = 220 − Lebensalter in Jahren» bestimmte Herzfrequenz-Wert bleibt für die Intensitätsfestlegung nur ein grobes Maß. Dieser Wert weicht meist zu stark von der tatsächlichen Hf_{max} ab. Die Trainingsintensitäten können Sie genauer festlegen, wenn Sie die Hf_{max} durch einen Maximaltest (s. Programm 14) bestimmen und in regelmäßigen Abständen (4–6 Wochen) zur Kontrolle wiederholen. Voraussetzung für den Test ist ein guter Gesundheitszustand und daß aus ärztlicher Sicht keine Einwände gegen einen Ausbelastungstest bestehen. Aus der individuellen maximalen Herzfrequenz (Hf_{max}) können Sie Ihre Trainings-Herzfrequenzen prozentual ableiten (s. Tab. Seite 139).

Bei der Bestimmung der Hf_{max} kann es durchaus vorkommen, daß unter dem Einfluß eines hohen, mehrwöchigen aeroben Ausdauertrainings oder nach starken Trainingsbelastungen am Vortag eine volle Aktivierung des Herz-Kreislauf-Systems nicht möglich ist und Sie die Hf_{max} nicht erreichen. Dies gilt auch für die Herzfrequenz im Wettkampf. Wenn Sie nicht hinreichend erholt sind, werden Sie im Wettkampf keine hohen Herzfrequenzen erreichen.

Erholungs-Herzfrequenz

Aus dem Herzfrequenz-Rückgang nach Belastungsende (= Erholungs-Hf) können Sie Ihren Trainingszustand gut abschätzen. Bei besserer Leistungsfähigkeit erholt sich das Herz-Kreislauf-System schneller von der vorausgegangenen Belastung. Die Erholungs-Herzfrequenz ist ein feiner Gradmesser der Regenerationsfähigkeit. Haben Sie sich stark beansprucht oder gar überanstrengt, kommt es zu einem verzögerten Abfall der Herzfrequenz. Der Abfall der Herzfrequenz ist abhängig von der Intensität und Dauer der vorausgegangenen Belastung. Bei Ausdauertrainierten wurde nach dem Maximaltest (s. Programm 14) in der ersten Erholungsminute ein Herzfrequenz-Rückgang von 40–50 Schlägen gemessen. Nach 3 Minuten wurden Werte unter 110 Schlägen/min erreicht. Nach einem Rennen kann das Erreichen des Ausgangs- bzw. Ruhewertes jedoch Stunden dauern. Je stärker und länger der Organismus beansprucht war, desto langsamer kehrt Ihre Herzfrequenz zum Ausgangswert zurück.

Herzfrequenz-Variabilität

Das Herz schlägt nicht im gleichen Zeittakt, sondern variiert von Schlag zu Schlag. Die Herzfrequenz-Variabilität beschreibt die mittlere Abweichung des Herzschlags und ist eine natürliche Erscheinung der Herztätigkeit, die sich aus der fortwährenden Änderung der beschleunigenden (sympathischen) und dämpfenden (parasympathischen) nervalen Erregung sowie aus der Steuerung der Atmung, des Blutdrucks, der Wärmeregulierung u. a. ergibt. Mit zunehmendem Lebensalter sinkt die Variabilität. Eine hohe Variabilität der Herzfrequenz weist auf eine aktive Rolle des parasympathischen Nervensystems und auf entspannte Körperfunktionen hin. Eine geringe deutet auf eine höhere Aktivität des sympathischen Nervensystems und spricht für eine starke physische und mentale Streßbeanspruchung. Mit dem Vantage-NV-Herzfrequenz-

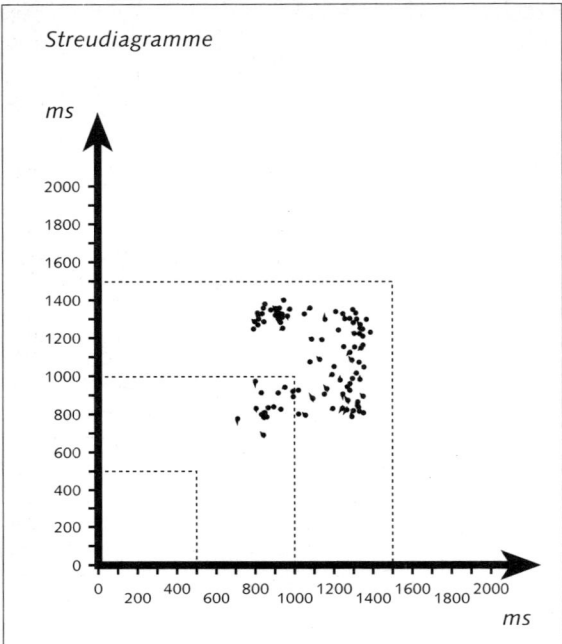

Streudiagramm des Herz-
schlages in Ruhe bei hoher
(oben) und niedriger (unten)
Entspannungsrate einer
24jährigen Mountainbikerin.
Die Werte wurden mit dem
Polar Vantage NV erhoben
und mit dem Polar-Hf-
Analyse-Programm aus-
gewertet.

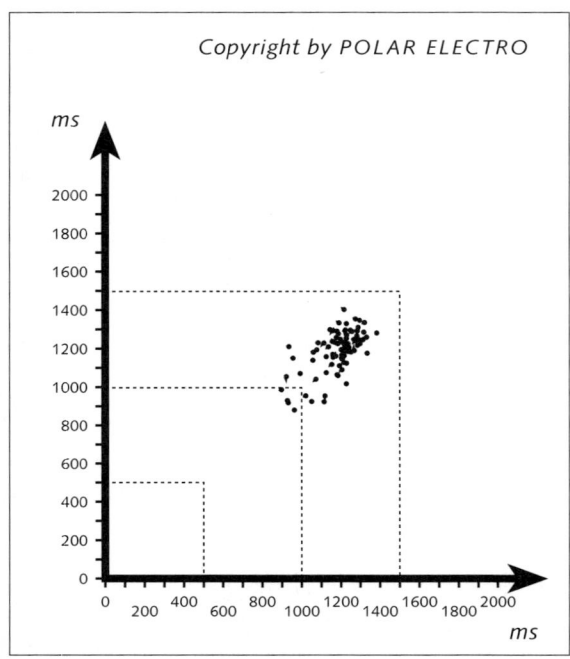

Meßgerät steht Ihnen ein Meßinstrument zur Verfügung, das neben den bekannten Funktionen auch die Entspannungsrate berechnet. Für die Variabilität können keine allgemeingültigen Grenzen angegeben werden. Sie müssen Ihre individuelle typische Variation durch Beobachtung herausfinden, um Abweichungen interpretieren zu können. Für ein normales Variationsverhalten in Ruhe wird ein Bereich von 20 bis 100 ms (Millisekunden) angesehen. Allgemein gilt, daß die Variabilität in Ruhe höher ist als unter Belastung. Eine hohe Variabilität in Ruhe kennzeichnet einen guten Entspannungszustand.

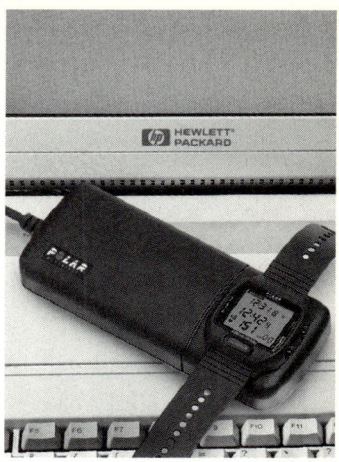

Das Herzfrequenz-Meßgerät «Polar Vantage NV» zeigt auf dem Display die Variation der Herzfrequenz numerisch in Millisekunden und graphisch in Balkenform an.

Einflußfaktoren auf die Herzfrequenz

Neben Art und Stärke der sportlichen Belastung wird Ihre Herzfrequenz von weiteren Faktoren beeinflußt, die Sie bei der Interpretation der Meßwerte berücksichtigen müssen. Nur wenn Sie die Einflußfaktoren kennen, sind Sie auch in der Lage, die ermittelten Herzfrequenzwerte richtig zu deuten.

Temperatur und Luftfeuchtigkeit

Den stärksten Einfluß auf die Herzfrequenz hat die Erhöhung der Körperkerntemperatur. Bei einem Training unter heißen Temperaturen (> 30 °C), hoher Luftfeuchtigkeit (> 70 %) und ungenügender Flüssigkeitsaufnahme kann Ihre Körperkerntemperatur um 2–3 °C ansteigen. Ihre Trainings-Herzfrequenz würde im Vergleich zu Normalbedingungen bei gleicher Intensität dann um 15–20 Schläge/min höher liegen.

Grundsätzlich wirken sich kurzfristige Klimaänderungen stark auf die Höhe der Herzfrequenz aus. Der Organismus ist nicht in der Lage, sich an die veränderten Bedingungen sofort anzupassen. In der Regel sind mehrere Tage für die Akklimatisation erforderlich. Diese Tatsache müssen Sie im Training und besonders vor einem Wettkampf berücksichtigen, insbesondere wenn der Wettkampf in anderen Klima- und Zeitzonen stattfindet.

Höhenlage

Das Höhentraining ist vor allem für Profis eine wichtige Maßnahme im Leistungsaufbau. Die Herzfrequenz steigt mit zunehmender Höhenlage an. Bereits geringe Belastungsanforderungen führen zu deutlich höheren Herzfrequenzen und zu einem schlechteren Erholungsverhalten. Die Zeitdauer für das Erreichen eines stabilen Herzfrequenzniveaus und einer verbesserten Regulation ist unterschiedlich lang, kann in der Höhe jedoch eine Woche betragen. Wie schnell sich die Herzfrequenz einreguliert, ist abhängig von der Höhenlage, Ihrer individuellen Leistungsfähigkeit, den gewählten Trainingsbelastungen u. a.

Textilien

Die richtige, witterungsabhängige Sportbekleidung beeinflußt die Belastungs-Herzfrequenz. Gewährleisten Textilien keinen hinreichenden Wärmeaustausch, steigt die Hf an. Auch die Art der Sporttextilien (Baumwolle, Microfaser, Nylon) beeinflußt unterschiedlich stark das Hf-Verhalten (vgl. S. 10).

Nahrungsaufnahme

Mit der Nahrungsaufnahme steigen Herzfrequenz und Lactatkonzentration an. Nach einer kohlenhydratreichen Mahlzeit stellten wir im Mittel 10–20 Schläge/min höhere Herzfrequenzwerte bzw. 1–2 mmol/l höhere Lactatkonzentration fest. Andererseits sind Herzfrequenz und Lactatkonzentration nach länger andauerndem Hungerzustand erniedrigt.

Herzfrequenz-Verhalten in Training und Alltag

Wenn Sie regelmäßig Ihre Herzfrequenz vor, während und nach dem Training kontrollieren, werden Sie für bestimmte Veränderungen sensibel. Für die Beurteilung Ihres aktuellen Gesundheits- und Leistungszustandes ist es wichtig, diese Erscheinungen frühzeitig zu erkennen. Welche besonderen Erscheinungen beobachtbar sind, welche Ursachen dahinterstehen können und welche Konsequenzen sich für das Training ergeben, wird in der folgenden Übersicht dargestellt.

Reaktionen der Herzfrequenz, mögliche Ursachen und
Konsequenzen für das Training

Erscheinung / Beobachtung	mögliche Ursache	Trainingsmaßnahme
• Ruhe-Hf ist stark erhöht	• Überbeanspruchung • Übertraining • Infekt	• Reduzierung des Trainings • Trainingspause
• Die Hf erreicht beim SB-Training nicht den gewohnten Wert	• Übertraining • Glykogenverarmung	• kein SB-Training • mehr GA-1-Training
• Die Hf_{max} wird im Test nicht erreicht	• Glykogenverarmung • geringe muskuläre Mobilisation • fehlende Motivation	• Reduzierung des Umfangs • Motoriktraining (z. B. Sprints)
• Die Hf bleibt beim Intervalltraining in den Pausen ungewohnt hoch	• Tempo ist zu hoch	• Reduzierung der Fahrgeschwindigkeit • Verlängerung der Pausen • Abbrechen des Trainings
• Die Hf ist nach dem Training über Stunden erhöht	• Erschöpfung • Flüssigkeitsmangel	• Flüssigkeitszufuhr • REKOM-Training
• Die Hf steigt bei gleichem Tempo ungewohnt stark an	• Flüssigkeitsdefizit • Infekt	• Abbrechen des Trainings • Flüssigkeitszufuhr
• Die Erholungs- herzfrequenz sinkt in den ersten zwei Minuten ungewöhnlich schnell	• Übertraining	• Reduzierung des Trainings an den folgenden Tagen • Motoriktraining (Kurzsprints)
• Die Hf-Variation ist in Ruhe vergleichs- weise niedrig	• Überbeanspruchung Anzeichen einer sich anbahnenden Erkrankung (z. B. grippaler Infekt)	• REKOM-Training

DIE TRAININGSPROGRAMME

Technik und Koordination

Mountainbiking stellt nicht nur hohe Anforderungen an Ihre Kondition, sondern ist in hohem Maße eine technische Radsportdisziplin. Mit einer guten Fahrtechnik können Sie eventuelle konditionelle Schwächen teilweise ausgleichen. Fahrtechnisches Können zeichnet sich durch eine ökonomische Tretarbeit und eine dem Gelände angepaßte Tretfrequenz, Übersetzung, Körperschwerpunktverlagerung sowie steuertechnische Beherrschung des Mountainbikes aus. Nur wer über diese Fertigkeiten verfügt, kann seine konditionellen Fähigkeiten einsetzen. Beobachtet man «Profis», so hat man das Gefühl, sie seien mit ihren Rädern verschmolzen. Sie spüren förmlich das ‹Gras› unter den Reifen. Für das Erlernen der mountainbikespezifischen Techniken muß man einige Zeit aufwenden. Deshalb üben selbst Spitzenkönner auch immer wieder einzelne Technikelemente. Voraussetzung für eine gute Technik ist neben der Geschicklichkeit eine kräftige Ganzkörpermuskulatur und eine hinreichende Funktionsstabilität in den Gelenksystemen. Eine gute Technik trägt außerdem zu Ihrer Sicherheit bei. Nachfolgend eine Auswahl wesentlicher Grundübungen für ein Techniktraining.

Bremsen

Beachten Sie, daß die Vorderradbremse eine deutlich größere Wirkung hat als die Hinterradbremse. Ein dosiertes Bremsen sollte besonders bergab, bei schwierigen Bodenverhältnissen und vor Kurven geübt werden. Grundsätzlich gilt: hinten stärker als vorne zu bremsen, denn mit einem blockierten Hinterrad kann man noch driften, während ein blockiertes Vorderrad unweigerlich zum Sturz führt.

Kurvenfahren

Neben einer guten Vorderradkontrolle ist es wichtig, daß die Pedale richtig stehen. Das kurvenäußere Pedal steht unten, das kurveninnere muß wegen des größeren Bewegungsspielraumes oben stehen. Bei guter Bodenhaftung können Sie sich mit dem Bike in die Kurven legen. Bei schlechtem, rutschigem Untergrund drücken Sie das Bike in die Kurve, indem Sie den Körperschwerpunkt direkt über der Unterstützungsfläche, also den Rädern, halten. Beim Üben sollten Sie eine Kurve ruhig mehrmals durchfahren und dabei die Geschwindigkeit erhöhen. Wenn Sie in der Lage sind, Richtungsänderungen ohne großen Geschwindigkeitsverlust zu meistern, sparen Sie neben

wertvollen Sekunden vor allem
Energie, die Sie ansonsten für
ein erneutes Beschleunigen benötigen würden.

Downhill

Bergabfahren verlangt neben
Mut und Erfahrung ein hohes
Maß an Geschicklichkeit, Kör-
perbeherrschung und Reakti-
onsschnelligkeit. Je steiler die
Abfahrt ist, desto weiter müssen
Sie Ihren Körperschwerpunkt
nach hinten verlagern. Die
Arme werden locker und leicht
gebeugt, um etwaige Stöße und
Schläge besser abfedern zu können. Ein guter Downhill-Fahrer
«läßt sein Bike laufen», hat stets
genügend Belastung auf dem
Vorderrad und fährt nur so
schnell, daß er alle Situationen
unter Kontrolle hat.

Einbeiniges Pedalieren

- Konzentrieren Sie sich auf einzelne Phasen des Tretzyklus, z. B. nur auf die Zugphase. Versuchen Sie dabei die unterschiedlichen Druckempfindungen am Fuß und die jeweils arbeitende Muskulatur wahrzunehmen.
- Pedalieren Sie mit hoher Tretfrequenz und leichter Übersetzung. Die Kette muß immer ruhig laufen.
- Pedalieren Sie mit niedriger Tretfrequenz und schwerer Übersetzung. Lassen Sie die einzelnen Phasen des Tretzyklus bewußt miteinander verschmelzen, und nehmen Sie auch jetzt die arbeitenden Muskeln und Druckpunkte am Fuß wahr.

Balancieren im Stand

Die Basis aller Techniken auf dem Mountainbike ist das perfekte Balancieren. Nur wer bei sehr langsamer Fahrt bzw. im Stehen sein Rad sicher im Griff hat, kommt auch beim Fahren im Gelände in schwierigen Passagen zurecht. Voraussetzung für das Balancieren ist eine horizontale Pedalstellung. Bei leicht eingeschlagenem Lenker kann man durch kurzzeitiges Anziehen und Lösen der Bremsen das Gleichgewicht halten. Halten Sie den Oberkörper parallel zum Lenker. Versuchen Sie nicht, bewegungslos auf der Stelle zu stehen, sondern wippen Sie mit dem Bike ständig etwas vor und zurück. Dies erreichen Sie durch gefühlvollen Druck der fast gestreckten Beine auf die Pedale und durch das oben beschriebene dosierte Bremsen.

«Wheely» – Fahren auf dem Hinterrad

Wählen Sie ein leicht ansteigendes oder flaches Übungsgelände. Bei kleiner Übersetzung und geringer Geschwindigkeit wird das Vorderrad hochgezogen. Dazu ziehen Sie am Lenker und geben Druck auf die Pedale. Um nicht ungewollt nach hinten abzusteigen, müssen Sie den Druckpunkt Ihrer Hinterradbremse erfühlen und Ihre Kräfte dosiert einsetzen. Wenn Ihr Körperschwerpunkt genau über der Hinterradachse liegt, können Sie versuchen, einige Meter zu fahren. Den Wheely kann man in mehreren Variationen, im Sitzen, im Stehen oder sogar einhändig, ausführen. Bei den ersten Versuchen sollten Sie mit den Pedalen nicht fest verbunden sein (nicht in die Sicherheitspedale einklicken).

«Nose-Wheely» – Balancieren auf dem Vorderrad

Versuchen Sie, aus langsamer Fahrt durch Vorderradbremsung und Gewichtsverlagerung nach vorn das Hinterrad abzuheben. Das Gesäß wandert hierbei hinter den Sattel. Hierzu sollten Sie sich ein leichtes Gefällstück mit ebenem Untergrund suchen. Gelingt Ihnen diese Übung, versuchen Sie dabei das Hinterrad seitlich zu versetzen. Falls Sie zu abrupt abbremsen oder das Gewicht zu stark nach vorn verlagern, sollten Sie in der Lage sein, mit einer Grätsche über den Lenker abzuspringen. Wheely und Nose-Wheely lassen sich gut in einer Übung verbinden. Können Sie einen Wheely nicht mehr halten, so können Sie die Energie des Nach-vorn-Fallens nutzen und durch dosiertes Vorderradbremsen einen Nose-Wheely einleiten.

«Bunny-Hop» – Überspringen von Hindernissen

Durch Abheben von Vorder- und Hinterrad können Sie Hindernisse überspringen. Dazu senken Sie den Körperschwerpunkt bei mittlerer bis schneller Geschwindigkeit vor dem Hindernis kurz ab und ziehen dann explosiv am Lenker und den waagerecht gestellten Pedalen. Beginnen Sie mit dem Überspringen weicher beweglicher Hindernisse. Vor allem beim Springen von Schanzen ist auf eine weiche Landung zu achten. Sie müssen mit dem Hinterrad zuerst aufsetzen und mit den Armen und Beinen federnd nachgeben.

Geschicklichkeitsfahren auf Zeit

Befahren Sie einen technisch anspruchsvollen Streckenabschnitt mit Bodenwellen, Löchern, Steinen, Wurzeln, Wassergräben, scharfen Kurven u. ä. mehrmals auf Zeit!

Kondition:
Programme und Trainingsbereiche

Die Leistungsfähigkeit im Mountainbiking wird nicht nur von Koordination bzw. Fahrtechnik bestimmt, sondern ganz wesentlich durch die konditionellen Fähigkeiten Ausdauer, Kraft, Schnelligkeit und Beweglichkeit. Ausdauer und Kraft sind dabei eng miteinander verknüpft. Der Ausdauer liegt immer Kraft zugrunde. Jede Fortbewegung ist also nur mit einem gewissen Krafteinsatz möglich. Andererseits trägt eine hohe Kraft im Tretzyklus nur zur Leistung bei, wenn sie ausdauernd über die gesamte Fahrzeit aufrechterhalten werden kann. Demzufolge ist neben den konditionellen Fähigkeiten Ausdauer und Kraft insbesondere die Kombination aus beiden, die Kraftausdauer, für eine hohe Leistungsfähigkeit erforderlich. Die Basisausdauer können Sie mit Dauerbelastungen in niedriger Intensität von bis zu mehreren Stunden und relativ hohen Tretfrequenzen (85–110 U/min) entwickeln, die Kraftausdauer hingegen mit kürzeren Trainingseinheiten und deutlich niedrigeren Tretfrequenzen (40–70 U/min) oder mit speziellen Übungen an Krafttrainingsgeräten. Nehmen Sie auch an Wettkämpfen teil, brauchen Sie zusätzlich eine gut ausgeprägte Schnelligkeitsausdauer (Stehvermögen) und Schnelligkeit. Wieviel Trainingseinheiten Sie anteilig für die Entwicklung der Ausdauer, Kraftausdauer, Schnelligkeit und des Stehvermögens benötigen, ist nicht nur von Ihren angestrebten Zielen, sondern auch von den speziellen Anforderungen abhängig. So brauchen Sie beispielsweise für ein kurzes Rennen auf einem stark profilierten Kurs anteilig andere Fähigkeiten, als für eine Mountainbiketour über mehrere Tage. Für die Entwicklung der jeweiligen Fähigkeiten sind spezielle Trainingsmaßnahmen erforderlich, die durch Trainingsbereiche voneinander abgegrenzt sind (s. S. 15).

In der graphischen Darstellung der folgenden Trainingsprogramme wird die Intensität einerseits prozentual von der im Test ermittelten maximalen Herzfrequenz und andererseits in Abhängigkeit von der Lactatkonzentration angegeben. Benutzen Sie im Training für die Kontrolle der Herzfrequenz ein Herzfrequenz-Meßgerät. Eine Kontrolle der Lactatkonzentration ist während der Belastung nicht fortwährend möglich, sollte aber von Zeit zu Zeit durchgeführt werden, um die ‹richtige› Belastungsintensität zu kontrollieren. Die hochintensiven Intervallprogramme werden dagegen über die Geschwindigkeit gesteuert. Bestimmen Sie die Intensitäten über den Feldstufentest, müssen Sie die ermittelten individuellen Lactat- und Herzfrequenzwerte anstelle der in den Programmen angegebenen prozentualen Hf_{max}-Werte einsetzen. Beachten Sie dazu die in Klammern angegebenen Trainingsbereiche. Auch in diesem Fall sollten Sie das Lactat- und Herzfrequenzmeßgerät zur Kontrolle der Trainingsintensität nutzen.

In den Programmen sind die verschiedenen Trainingsbereiche und Leistungstests mit Symbolen gekennzeichnet:

⊓   REKOM: lockeres Regenerations- bzw. Kompensationstraining

☐ { GA 1: extensives Grundlagenausdauertraining 1
    GA 1 / 2: extensives Grundlagenausdauertraining 1 / 2

◇   EB: intensives Grundlagenausdauertraining 2 (GA 2) im Entwicklungsbereich

○   SB: hochintensives Wettkampftraining im Spitzenbereich (WSA)

○ { KA 1: extensives Kraftausdauertraining 1
    KA 2: intensives Kraftausdauertraining 2

▽   Mischtraining: Trainingseinheit, in der mehrere Intensitätsbereiche angespro-
     chen werden

☆   Leistungstests

Für das MTB-Training bieten wir Ihnen eine Vielzahl von Ausdauerprogrammen an, damit Sie Ihre Leistungsfähigkeit umfassend entwickeln können und das ganze Jahr fit und gesund bleiben. Auch wenn Sie am liebsten nur biken möchten, macht es Sinn, sich auch durch andere Bewegungsformen zu beanspruchen. Deshalb werden neben den klassischen Ausdauerprogrammen für das Mountainbiking weitere aus anderen Sportarten mitaufgenommen.

Die Belastungsintensität in den jeweiligen Trainingseinheiten müssen Sie für sich individuell festlegen. Hierzu bieten wir den Test zur Bestimmung der maximalen Herzfrequenz (Programm 14) und den Feldstufentest (Programm 15) an.

1 REKOM-Radfahrt (Regenerations- bzw. Kompensationstraining)

Die REKOM-Radfahrt dient der aktiven Wiederherstellung nach hohen Trainings- oder Wettkampfbelastungen. Mit einer REKOM-Fahrt können Sie die Erholung beschleunigen und günstige Voraussetzungen für nachfolgende Trainingsbelastungen schaffen. Achten Sie darauf, daß die Belastungsintensität niedrig ist, die Herzfrequenz also nicht über 60 % der Hf_{max} ansteigt. Beim REKOM-Training soll es zu keiner Lactatkumulation (Anhäufung) kommen; die Lactatkonzentration bleibt unter 1,5 mmol/l. Regenerativ ist die Belastung nur, wenn Sie nicht länger als 1,5 Stunden fahren und das Gelände ein ruhiges und entspanntes Biken zuläßt.

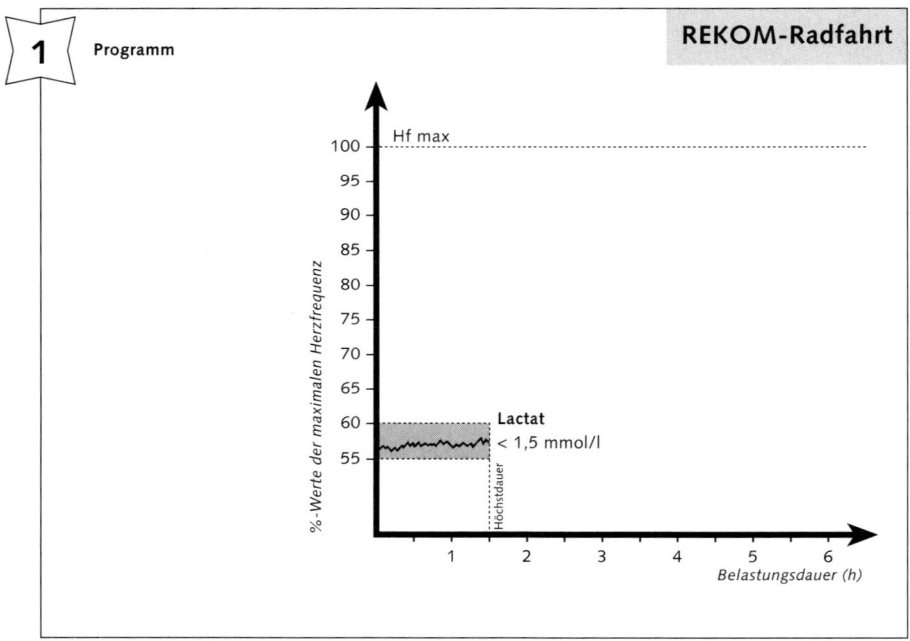

2 Extensive Radfahrt (GA 1)

Mit extensiven Radfahrten entwickeln Sie die Grundlagenausdauer und legen die Basis für das hochintensive Training. Wählen Sie flache bis leicht profilierte Strecken, die Sie nach der Dauermethode mit gleichbleibender mittlerer Intensität ohne Pause, bei Tretfrequenzen zwischen 90 und 110 Umdrehungen pro Minute befahren können. Hierfür bietet sich besonders das Straßenrad an. Die Belastungsintensität wird über die Herzfrequenz kontrolliert und sollte im Bereich von etwa 65 bis 70 % der Hf_{max} bei langen und zwischen 70 und 75 % bei kurzen Radfahrten liegen. Werden die Intensitätsgrenzen im Training nicht überschritten, können Sie eine Überbeanspruchung vermeiden. Bei gelegentlichen Lactatkontrollen sollte auf den längeren Strecken die Konzentration 2 mmol/l, auf den kürzeren Strecken 2,5 mmol/l nicht übersteigen. Sicherlich ist es Ihnen möglich, mit höherer Intensität zu fahren, doch würden Sie dann das Ziel, nämlich die Entwicklung der Grundlagenausdauer, verfehlen.

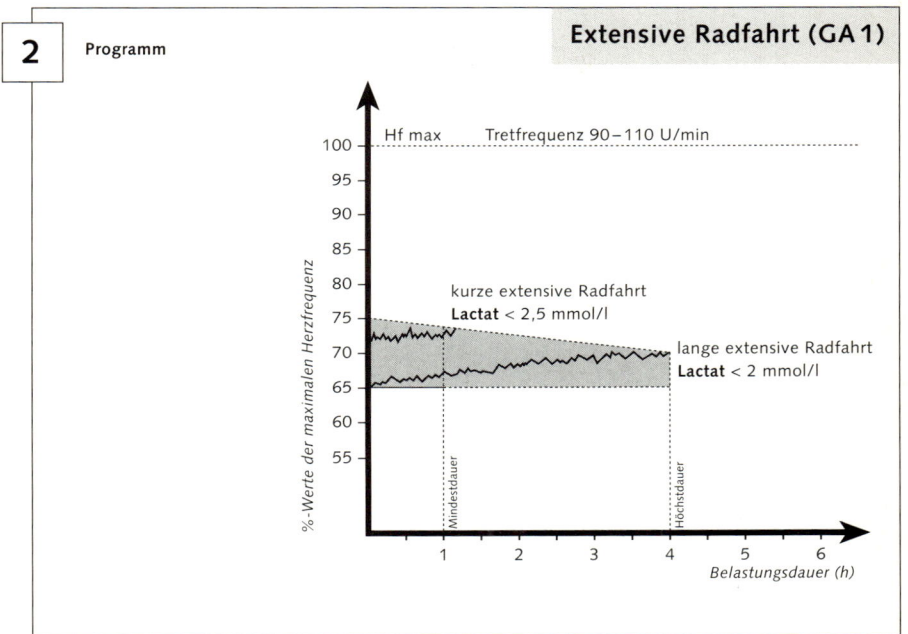

2 Programm

Extensive Radfahrt (GA 1)

3 Fettstoffwechsel-Radfahrt

Eine Steigerung der durchschnittlichen Fahrgeschwindigkeit in Training und Wettkampf setzt eine Erhöhung der Grundlagenausdauerfähigkeit voraus. Dies erreichen Sie sehr effektiv mit der langen Fettstoffwechsel-Radfahrt. Ziel dieser Trainingseinheit ist es, den Fettstoffwechsel maximal zu beanspruchen, d. h. einen hohen Anteil an Fettsäuren bei der aeroben Energiegewinnung zu nutzen. Voraussetzung ist, daß Sie Ihr Training nach dem Motto ‹lang und locker› gestalten. Die Intensität ist also sehr niedrig zu wählen, und die Dauer der Belastung sollte mindestens 3 Stunden betragen. Mit zunehmender Belastungsdauer nimmt der relative Anteil Fettverbrennung zu. Am Anfang einer jeden Trainingseinheit wird der Kohlenhydratstoffwechsel eingesetzt, d. h., die benötigte Energie wird aus der Blutglukose und der in Muskulatur und Leber gespeicherten Glukose (= Glykogen) gewonnen. Dieser Vorrat ist jedoch im Vergleich zu den praktisch nicht erschöpfbaren freien Fettsäuren begrenzt. Bei maximaler Anstrengung haben Sie Ihre Glykogendepots nach etwa 90 Minuten weitgehend entleert, sofern Sie den erhöhten Bedarf nicht während der Belastung mit energiereichen Getränken oder Energieriegeln auffangen. Ein äußerst reizwirksames Fettstoffwechseltraining ist eine morgendliche Radfahrt auf nüchternem Magen. Wählen Sie ein flaches bis leicht profiliertes Gelände, um Dauerbelastungen über mehrere Stunden bei mittleren Tretfrequenzen (85–100 Umdrehungen/min) realisieren zu können. Diese langen lockeren Einheiten fahren Sie am besten auf der Straße, bei einer Belastungsintensität im Bereich von 60 bis 65 % der maximalen Herzfrequenz bzw. bei einer Lactatkonzentration unter 1,5 mmol/l. Regelmäßiges Fettstoffwechsel-Training steigert die Aktivität bestimmter Muskelenzyme, die an der Fettverbrennung beteiligt sind, und führt zu einer Zunahme und Vergrößerung der Mitochondrien (= Kraftwerke für die Fettsäureverbrennung). Dadurch kann der ausdauertrainierte Mountainbiker auch bei etwas höherer Intensität anteilig mehr freie Fettsäuren verbrennen als der Untrainierte und somit Muskelglykogen einsparen. Um stabile organische Anpassungen zu erzielen, sollten Sie ein Fettstoffwechseltraining mindestens zweimal wöchentlich über 4 bis 6 Wochen durchführen. Ihre Basisausdauer hat danach ein deutlich höheres Niveau.

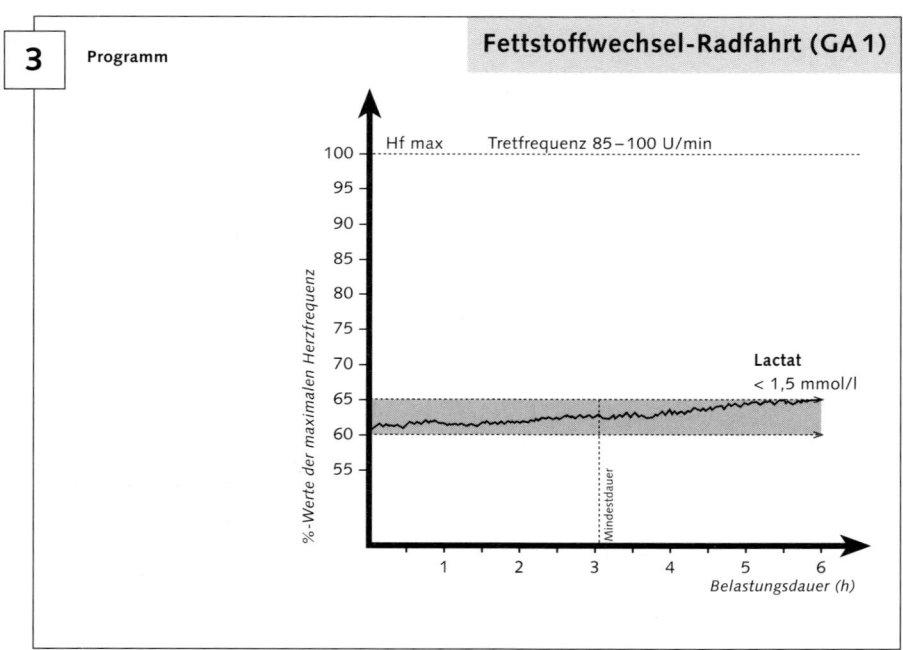

3 Programm

Fettstoffwechsel-Radfahrt (GA 1)

4 Extensives Fahrtspiel (GA 1/2)

Das Fahrtspiel ist eine Trainingsmethode, die in Schweden ursprünglich von Langstreckenläufern entwickelt wurde und eine gewisse Freiheit in der Gestaltung der Trainingseinheit läßt. Sie fahren sozusagen nach Lust und Laune mal schneller, mal langsamer – es ist ein Spiel mit der Geschwindigkeit und der Tretfrequenz. Belastungs- und Erholungsphasen wechseln sich beliebig oft ab. In Abhängigkeit von der Belastungsintensität unterscheiden wir das extensive und das intensive Fahrtspiel. Für das extensive Fahrtspiel wählen Sie einen leicht- bis mittelprofilierten Kurs, den Sie bis zu 4 Stunden befahren. Die Belastungsintensität ist kurzzeitig deutlich höher als bei der extensiven Radfahrt nach der Dauermethode. Die Herzfrequenz kann bis auf 80 % der Hf_{max} ansteigen. Bei variablen Tretfrequenzen zwischen 70 und 110 Umdrehungen pro Minute kann die Lactatkonzentration bis zu 3 mmol/l ansteigen. Während der Erholungsabschnitte wird der erhöhte Lactatspiegel wieder abgebaut. Das Fahrtspiel stellt somit hohe Anforderungen an die Regulation des Energiestoffwechsels und des Herz-Kreislauf-Systems und entwickelt die Grundlagenausdauer.

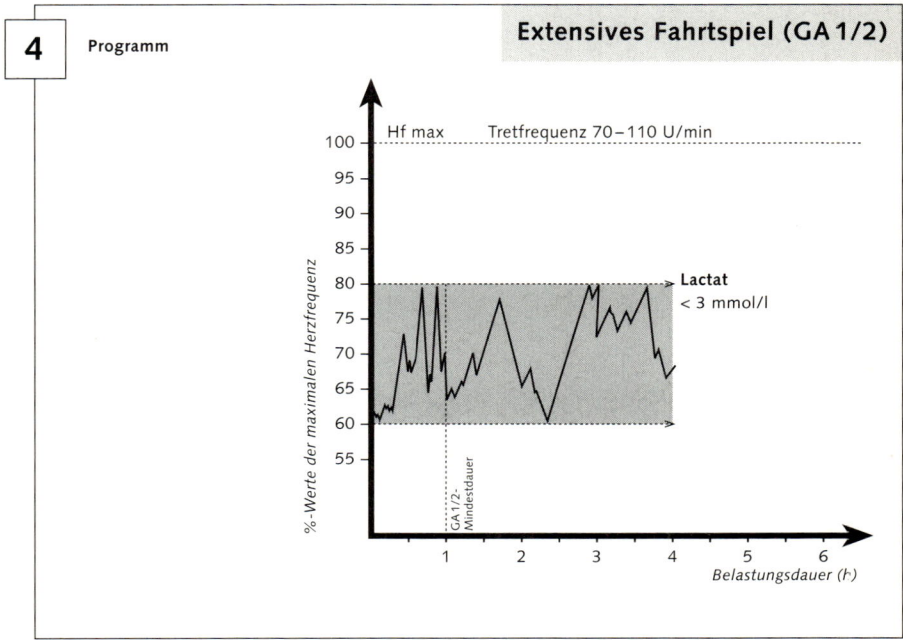

4 Programm

Extensives Fahrtspiel (GA 1/2)

Den überwiegenden Anteil des Gesamttrainingsumfangs realisieren Sie mit den Programmen 2, 3 und 4. Bei diesen Programmen sollten Sie die oberen Belastungsgrenzen nicht überschreiten, da die langen Dauerbelastungen mit niedriger Intensität notwendig sind, um die Basis für eine hohe aerobe (sauerstoffabhängige) Leistungsfähigkeit zu schaffen.

5 Intensive Radfahrt (EB)

Bei der intensiven Radfahrt muß Ihr Organismus zeitweilig den aerob-anaeroben Mischstoffwechsel in Anspruch nehmen und setzt somit einen starken Reiz auf die Entwicklung der Ausdauer. Voraussetzung für das Training im Entwicklungsbereich (EB-Training) ist ein relativ stabiles Niveau der Grundlagenausdauer. Haben Sie diese nicht mit den Programmen 2 bis 4 hinreichend erworben, kann ein zu frühes EB-Training die weitere Leistungsentwicklung stören. Die intensive Radfahrt beginnt nach einer 20- bis 30minütigen Einfahrzeit. In Abhängigkeit von Ihrer Leistungsfähigkeit sollten Sie zwischen 15 Minuten und einer Stunde mit hoher Intensität, d. h. in einem Bereich von 80 bis 85 % der Hf_{max} und einer Tretfrequenz von 90 bis 110 Umdrehungen pro Minute, fahren. Die Lactatkonzentration kann Werte zwischen 3 und 6 mmol/l erreichen.

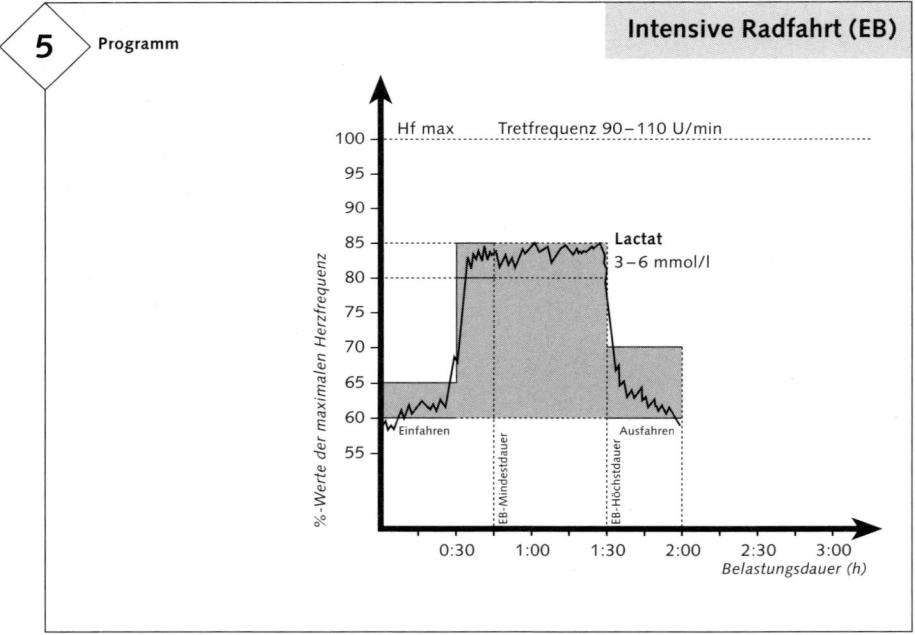

6 Intensives Fahrtspiel (GA 2)

Das intensive Fahrtspiel eignet sich besonders zum schnellen und geländeangepaßten Fahren sowie zur Schulung des Tempogefühls. Der Unterschied zum extensiven Fahrtspiel liegt in den höheren Intensitäten und den während der Belastungsspitzen stärkeren Anforderungen an Muskulatur, Herz-Kreislauf-System und Energiestoffwechsel. Achten Sie darauf, daß Sie sich zu Beginn des Fahrtspiels mindestens 20 Minuten lang einfahren. Bei den intensiven Teilabschnitten sollten Sie neben Tretfrequenz und Geschwindigkeit auch die Streckenlänge variieren. Zwischen den intensiven Abschnitten sollten Sie locker fahren und sich ausreichend erholen. Das intensive Fahrtspiel ist eine sehr beliebte Trainingsform. Das «Spiel mit dem Tempo» verleitet jedoch leicht dazu, vor allem beim Fahren in der Gruppe, die gesetzte Belastungsgrenze (90 % der Hf_{max}, Lactatkonzentration unter 6 mmol/l) zu überschreiten und längere Zeit am oberen Limit zu fahren. Erst am Tag nach einer zu intensiven Trainingseinheit wird die starke Ermüdung spürbar. Die Realisierung der nachfolgenden Trainingseinheiten im Wochenplan ist ohne das Risiko einer Überforderung nicht mehr möglich. Änderungen im Wochenplan müßten vorgenommen werden, d. h., das Training am folgenden Tag dient der Regeneration. Außerdem können sich mehrmalige außerplanmäßige intensive Reize negativ auf Ihre langfristige Leistungsentwicklung auswirken. Kontrollierter können Sie das intensive Fahrtspiel durchführen, wenn Sie sich vorher ein Programm ausarbeiten. Beispielsweise können Sie Anzahl und Streckenlänge der Antritte, Sprints und EB-Belastungen sowie die Dauer der aktiven Pausen festlegen.

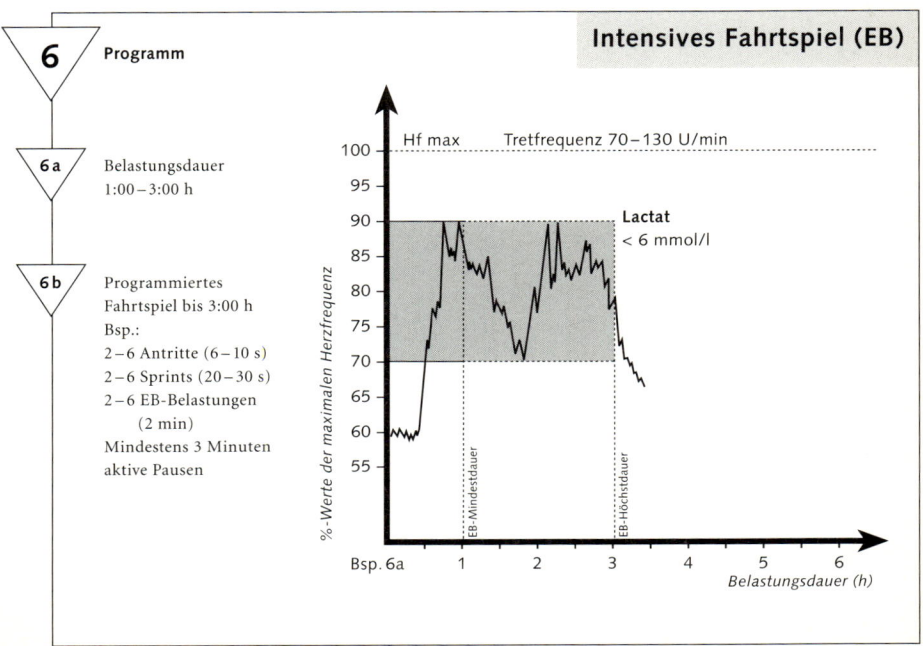

6 Programm

Intensives Fahrtspiel (EB)

6a Belastungsdauer
1:00 – 3:00 h

6b Programmiertes
Fahrtspiel bis 3:00 h
Bsp.:
2 – 6 Antritte (6 – 10 s)
2 – 6 Sprints (20 – 30 s)
2 – 6 EB-Belastungen
   (2 min)
Mindestens 3 Minuten
aktive Pausen

Hf max   Tretfrequenz 70 – 130 U/min

Lactat
< 6 mmol/l

%-Werte der maximalen Herzfrequenz

EB-Mindestdauer

EB-Höchstdauer

Bsp. 6a   1   2   3   4   5   6

Belastungsdauer (h)

7 Tretfrequenztraining (EB)

Diese Trainingseinheit ist wettkampfambitionierten Bikern zu empfehlen. Wettkampfanalysen von Profis im Cross Country haben ergeben, daß im Rennen Tretfrequenzen zwischen 40 bis 140 Umdrehungen pro Minute gefahren werden. Mit einem speziellen Tretfrequenz-Training sollen die Voraussetzungen für die spezifischen Anforderungen hoher Tretfrequenzen im Wettkampf gelegt werden. Der inhaltliche Aufbau der Trainingseinheit basiert auf der **Intervallmethode** mit submaximaler Belastungsintensität und geländeangepaßten Tretfrequenzen bis 140 Umdrehungen pro Minute. Dies setzt voraus, daß Sie den richtigen Gang im richtigen Moment wählen. Dies spart Kraft und kann im Wettkampf sogar siegentscheidend sein. Das Training ist gekennzeichnet durch einen systematischen Wechsel von Belastungs- und Erholungsphasen, durch die Festlegung von Anzahl, Intensität und Dauer der Einzelbelastungen sowie durch Länge und Art der Pausen. Die koordinativen und muskulären Anforderungen des Tretfrequenztrainings sind relativ hoch. Von daher sollten Sie sich ausreichend einfahren und – wie es in den Wochenprogrammen vorgeschlagen wird – mit kurzen Teilstrecken von 500 m und einer niedrigen Anzahl von Wiederholungen beginnen. Erhöhen Sie in den nächsten Einheiten zunächst die Anzahl der Wiederholungen und erst später die Streckenlänge. Achten Sie auf einen runden Tritt. Die Höhe der Belastungsintensität ist sekundär. Sie sollten aber 90 Prozent der maximalen Herzfrequenz während der Belastung nicht übersteigen. In der aktiven Erholungsphase von

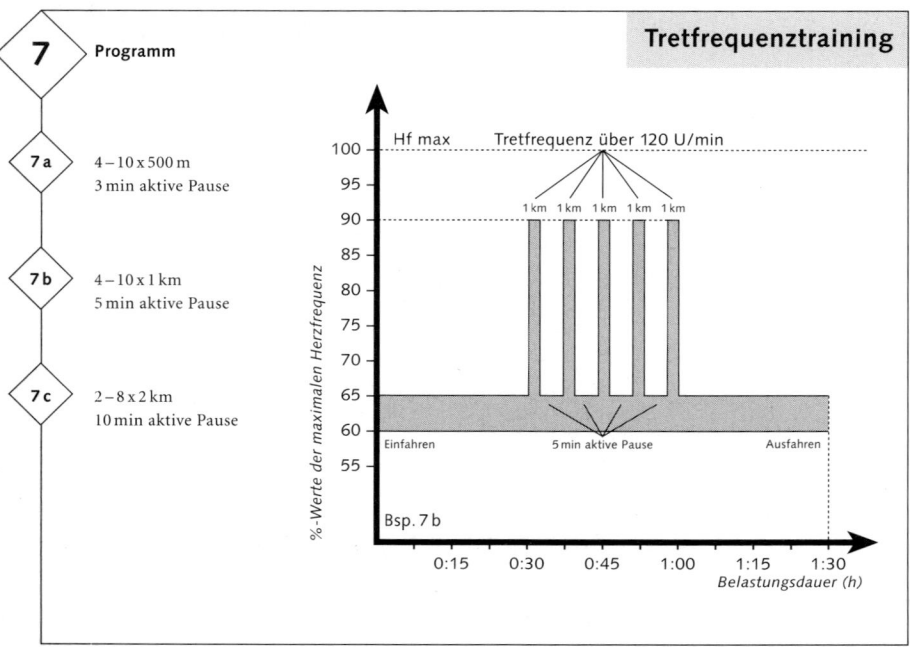

etwa 5 Minuten versuchen Sie, durch lockeres Pedalieren die Muskulatur zu entspannen und für die nächste Belastung vorzubereiten. Vermeiden Sie auf jeden Fall bei dieser Trainingsform zu hohe Belastungsreize, da sich dies negativ auf die Muskulatur auswirkt und es zu Mikroverletzungen der Muskelfasern verbunden mit starkem Muskelkater kommen kann.

8 *Extensive Kraftausdauer-Radfahrt (KA 1)*

Die Kraftausdauerfähigkeit trainieren Sie eigentlich bei jeder Fahrt im Gelände mehr oder weniger mit. Sie ist neben der Grundlagenausdauer eine wesentliche Voraussetzung für lange Radfahrten. Nur wer über ausreichend Kraft und Kraftausdauer verfügt, wird die Fahrten im Gelände genießen können. Systematisch wird die Kraftausdauer auf dem Bike mit der extensiven und intensiven Kraftausdauer-Radfahrt trainiert. Bei der extensiven Form wird bei niedrigen Tretfrequenzen eine Belastung nach der Dauermethode absolviert. Nach dem Einfahren pedalieren Sie je nach Leistungsstand mindestens 20 Minuten und höchstens 2 Stunden mit Tretfrequenzen zwischen 40 und 70 Umdrehungen pro Minute auf flachen bis leicht profilierten Strecken. Die Belastungsintensität sollte dabei 80 Prozent der maximalen Herzfrequenz bzw. eine Lactatkonzentration von 4 mmol/l nicht überschreiten, wobei mit zunehmender Belastungsdauer die Intensität deutlich abnimmt.

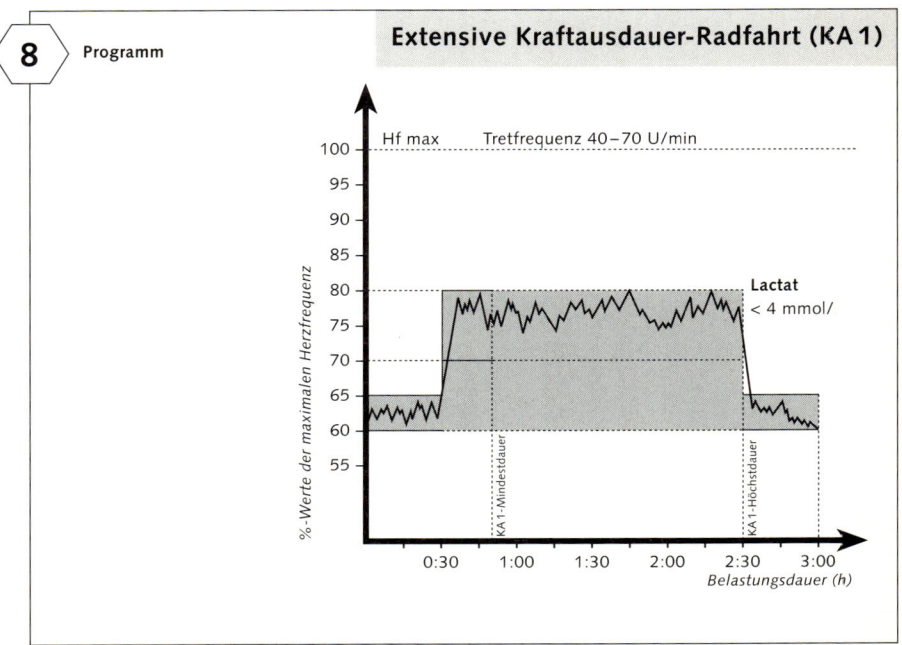

9 Intensives Kraftausdauertraining am Berg (KA 2)

Das intensive Kraftausdauertraining wird nach der Intervallmethode in Anstiegen durchgeführt. Nach dem Einfahren suchen Sie sich einen Berg, den Sie mehrmals hinauffahren. Die Länge und die Anzahl der Einzelbelastungen wird von Ihrem Leistungsstand bestimmt. Die Einzelbelastungen von 0,5 bis 2 km werden nicht mit 100prozentiger Leistung gefahren. Die Belastungsintensität beträgt maximal 90 Prozent der maximalen Herzfrequenz. Dabei können Lactatwerte von 4 bis 7 mmol/l erreicht werden. Auf den längeren Teilstrecken sollte die Lactatkonzentration eher etwas niedriger sein. Wichtig ist die aktive Erholung nach jeder Belastung, damit das Lactat in der Muskulatur wieder abgebaut werden kann. Das intensive Kraftausdauertraining zählt zu den anspruchsvollsten Trainingseinheiten. Mit dieser Trainingsform sollten Sie erst beginnen, wenn Sie eine gute Grundlagenausdauer erworben haben und schon einige Kilometer im extensiven Kraftausdauerbereich gefahren sind.

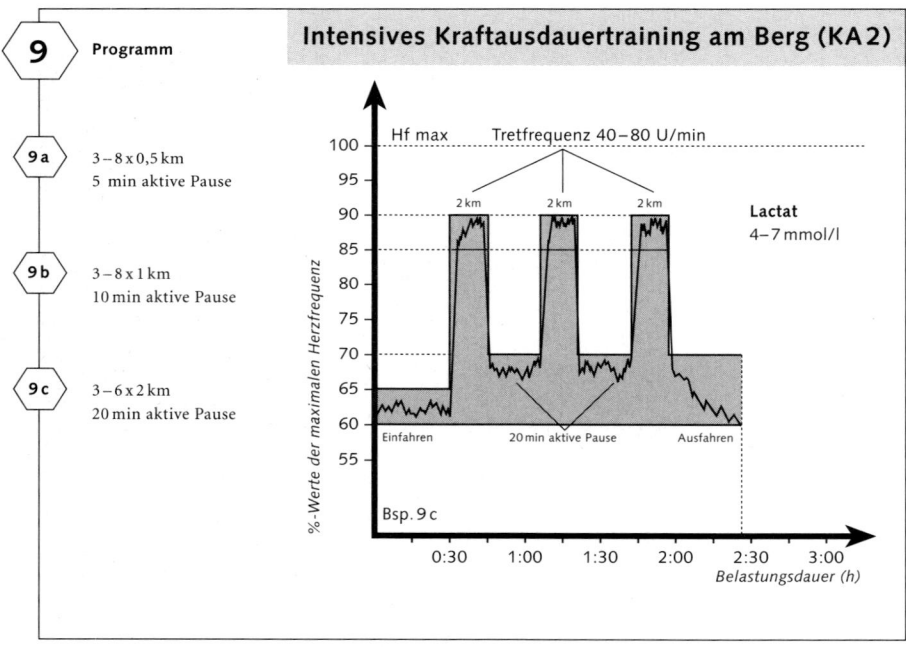

10 Bergfahren mit Laufpassagen (KA 2)

Laufpassagen kommen im Cross Country aufgrund des teilweise äußerst extremen Streckenprofils und der schwierigen äußeren Bedingungen (Matsch, Geröll) immer wieder vor. Neben den konditionellen Fähigkeiten wird hier in hohem Maße der technisch-koordinierte Umgang mit dem Bike beim Abspringen, Schieben oder Schultern, Aufspringen und Anfahren verlangt. Vor dem Abspringen sollten Sie bedenken, daß Ihnen das Weiterfahren im Anstieg nur mit der richtigen Übersetzung gelingen wird. Bei welcher Fahrgeschwindigkeit Sie vom Rad absteigen werden, ist auch von Ihrem läuferischen Potential abhängig. So wird beispielsweise ein schwacher Läufer versuchen, länger auf dem Rad zu bleiben. In Anstiegen müssen Sie Ihren Körperschwerpunkt so verlagern, daß das Vorderrad nicht abhebt, also steuerfähig bleibt, und das Hinterrad bei bestmöglicher Traktion nicht durchdreht. Senken Sie den Oberkörper ab, und drücken Sie die Ellenbogen nach unten. Oberkörper und Kopf werden dabei möglichst ruhig gehalten.

Werden die Anstiege im Stehen gefahren, kommt zu der geländeabhängigen Gewichtsverlagerung eine koordinierte Kopplung der Bein-, Rumpf- und Armmuskulatur. Beinstreckung und Armzug am Lenker müssen aufeinander abgestimmt sein.

Die Kopplung der «Rad-Lauf-Rad-Bewegung» erfordert eine schnelle Umstellungsfähigkeit der Motorik. Wenn Sie diese unterschiedlichen Anforderungen im Training üben, können Sie im Wettkampf wertvolle Sekunden einsparen. Die Trainings-

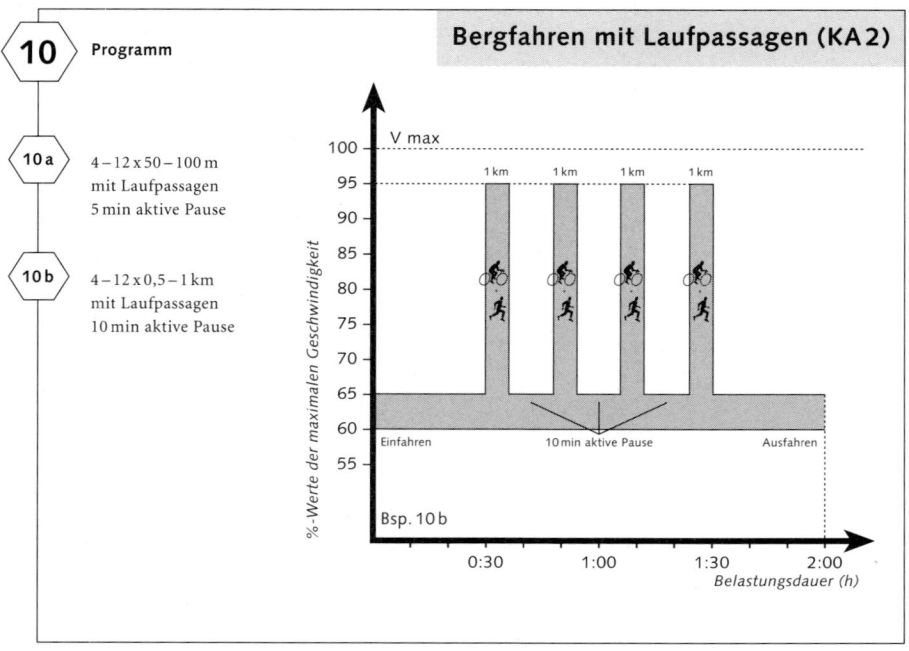

10 Programm

Bergfahren mit Laufpassagen (KA 2)

10 a 4 – 12 x 50 – 100 m
mit Laufpassagen
5 min aktive Pause

10 b 4 – 12 x 0,5 – 1 km
mit Laufpassagen
10 min aktive Pause

V max

100
95
90
85
80
75
70
65
60
55

1 km   1 km   1 km   1 km

Einfahren   10 min aktive Pause   Ausfahren

Bsp. 10 b

%-Werte der maximalen Geschwindigkeit

0:30   1:00   1:30   2:00

Belastungsdauer (h)

einheit «Bergfahren mit Laufpassagen» kann als intensives Fahrtspiel oder als Wiederholungsmethode durchgeführt werden. Beim Fahrtspiel bauen Sie verschieden lange Laufpassagen spontan in Ihr Training ein. Systematischer wird diese Trainingsform mit der Wiederholungsmethode. Hierbei werden auf einem festgelegten Streckenabschnitt Bergsprints mit Laufpassagen mehrmals wiederholt. Nach jeder Belastung wird eine 5- bis 8minütige aktive Pause zur Erholung eingelegt, damit Sie den nächsten Sprint voll konzentriert anziehen können. Die Belastungsintensität sollte bei den ersten Trainingseinheiten nicht zu hoch gewählt werden. Können Sie die ‹Bike-Lauf-Bike›-Abschnitte koordiniert und schnell ausführen, kann die Belastungsintensität bis auf 100 Prozent der maximalen Leistungsfähigkeit gesteigert werden.

11 Stehvermögen (SB)

Dieses Trainingsprogramm führt Sie zur Höchstform. Es wird ein «Stehvermögen» entwickelt, das Sie beispielsweise benötigen, um nach dem Start eine vordere Position zu erkämpfen. Aber auch bei taktischen Zwischenspurts, im Endspurt oder bei steilen Anstiegen wird diese Fähigkeit verlangt. Die Muskulatur wird hierbei maximal beansprucht. Es kommt zu einer starken Übersäuerung der Muskulatur, und Lactatwerte von über 10 mmol/l können gemessen werden. Für den Wettkampf ist es wichtig, die Muskulatur schon im Training an diese extremen Lactatkonzentrationen zu gewöh-

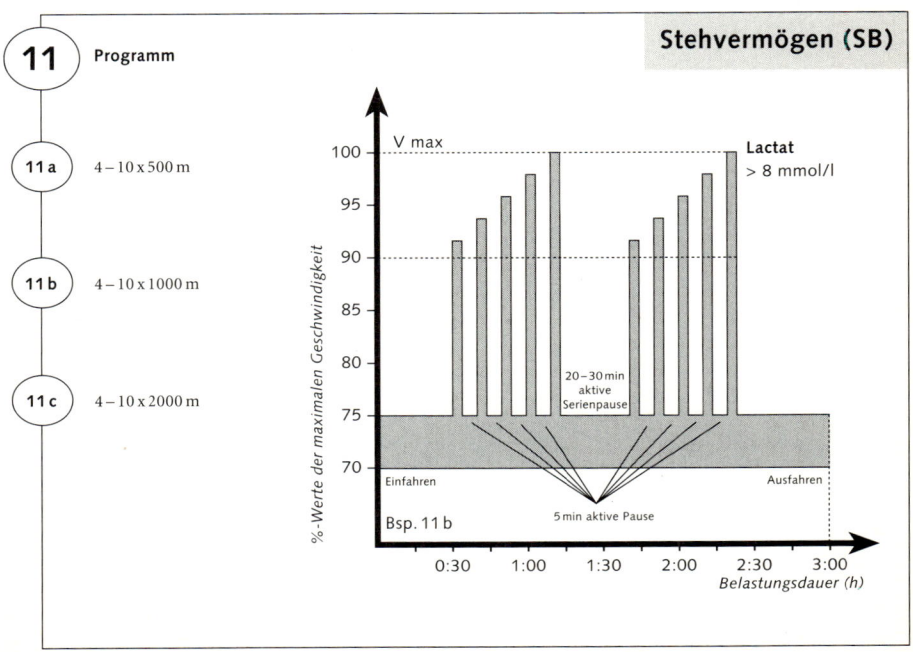

nen, einerseits, um eine Toleranz gegenüber hohen Lactatwerten zu entwickeln, und um andererseits mehr Lactat pro Zeiteinheit abbauen zu können. Die Abbaurate kann sich durch ein Training des Stehvermögens mehr als verdoppeln. Als Trainingsform schlagen wir Ihnen ein intensives Intervalltraining mit Belastungsstrecken von 500 bis 2000 m vor. Das Tempo auf den einzelnen Strecken sollte über der durchschnittlichen Wettkampfgeschwindigkeit liegen. Um eine zu starke Übersäuerung der Muskulatur zu Beginn des Trainings zu vermeiden, werden die Belastungen progressiv und in zwei Serien ausgeführt, d. h., Sie beginnen die erste Belastung mit etwa 90 Prozent Ihrer maximalen Leistungsfähigkeit und fahren nach dem letzten Intervall vor der Serien-pause mit 100 Prozent. In der Serienpause von 20 bis 30 Minuten müssen Sie so locker fahren, daß die hohen Lactatwerte weitgehend abgebaut werden. Darüber hinaus kön-nen Sie mit Herzfrequenz- und Lactatmessungen Ihre muskuläre Mobilisationsfähig-keit kontrollieren. Erreichen Sie nach einer vollen Ausbelastung Ihre maximalen Herz-frequenz- und Lactatwerte, deutet dies auf eine gute muskuläre Mobilisationsfähigkeit hin. Eine gute muskuläre Mobilisation zeichnet sich dadurch aus, daß bei einer Maxi-malbelastung möglichst viele Muskelfasern an der Leistung beteiligt (innerviert) sind. Gezielt können Sie Ihre muskuläre Mobilisationsfähigkeit mit dem Sprinttraining (s. Programm 12) verbessern.

12 Sprinttraining (SB)

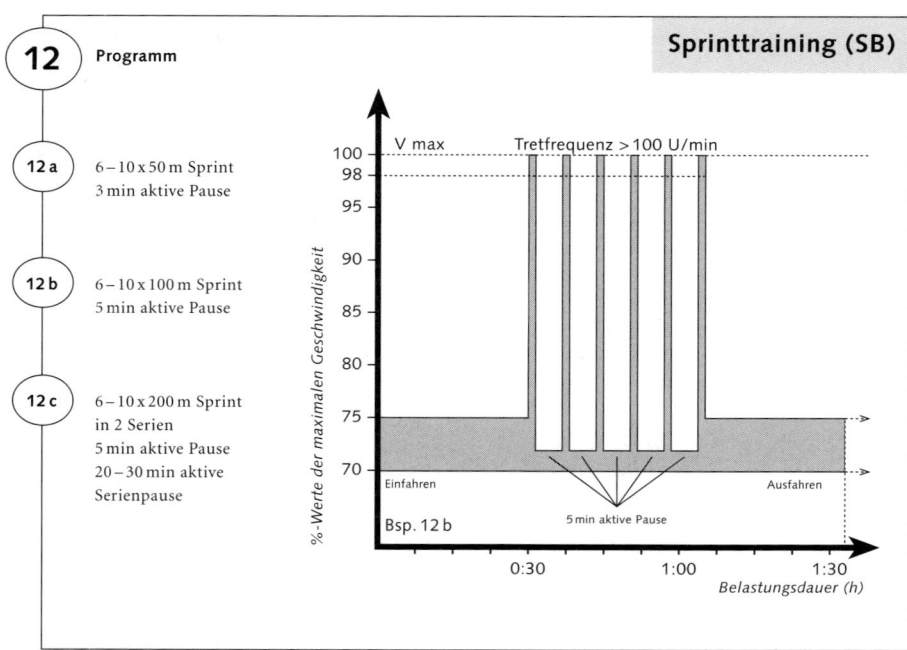

Eine gute Sprintleistung ist abhängig von Kraft, Schnelligkeit und der muskulären Mobilisationsfähigkeit. Mit Sprints über 50, 100 und 200 m lassen sich diese Fähigkeiten trainieren. Die Trainingseinheit wird nach der Wiederholungsmethode gestaltet, d. h., nach jeder Sprintbelastung haben Sie eine aktive Pause von etwa 5 Minuten, die zur vollständigen Erholung führen soll. Bei mehr als 8 Wiederholungen kann das Programm in zwei Serien geteilt werden, um eine zu starke nervale Ermüdung auszuschließen. Sie haben Ihre Sprintleistung verbessert, wenn Sie auf kurzen Strecken höhere maximale Endgeschwindigkeiten erreichen.

13 Leistungs-Kontrollfahrt

Die Leistungs-Kontrollfahrt dient zur Formüberprüfung. Sie soll Aufschluß über Ihren aktuellen Leistungsstand geben und kann als Prognose für geplante Wettkämpfe dienen. Gleichzeitig unterziehen Sie Ihr Material einer Bewährungsprobe unter simulierten Wettkampfbedingungen. Die Teststrecke sollte deutlich kürzer sein als die Wettkampfstrecke (= Unterdistanzstrecke). Um Leistungsveränderungen festzustellen, sollten Sie auf der gleichen Teststrecke Lactat, Herzfrequenz, Übersetzung, Tretfrequenz, Zeit und äußere Bedingungen protokollieren. Vor den Tests sollten Sie sich immer eine halbe Stunde locker einfahren.

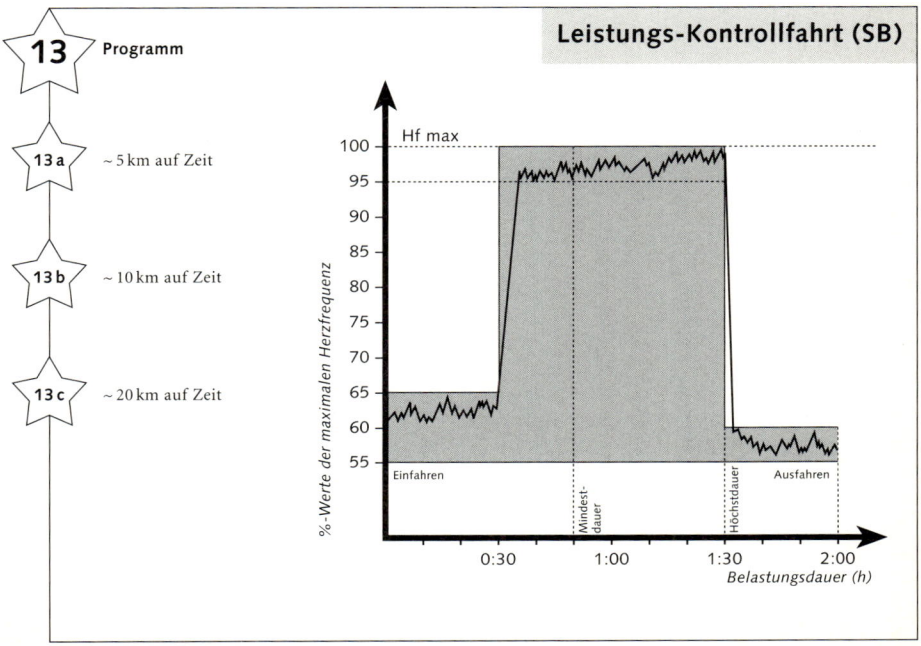

14 Test zur Bestimmung der maximalen Herzfrequenz

Mit diesem Programm bestimmen Sie Ihre maximale Herzfrequenz. Nach einer intensiven Aufwärmphase über etwa 30 Minuten mit eingebauten Steigerungen und Antritten fahren Sie mit maximaler Geschwindigkeit 2000 bis 3000 m auf einer flachen oder leicht ansteigenden Strecke und beenden den Test mit einem Spurt. Der höchste Wert, den Sie auf Ihrem Herzfrequenz-Meßgerät ablesen, entspricht Ihrer aktuellen maximalen Herzfrequenz (Hf_{max}). Von diesem Wert werden die Trainingsbereiche prozentual abgeleitet (s. S. 139).

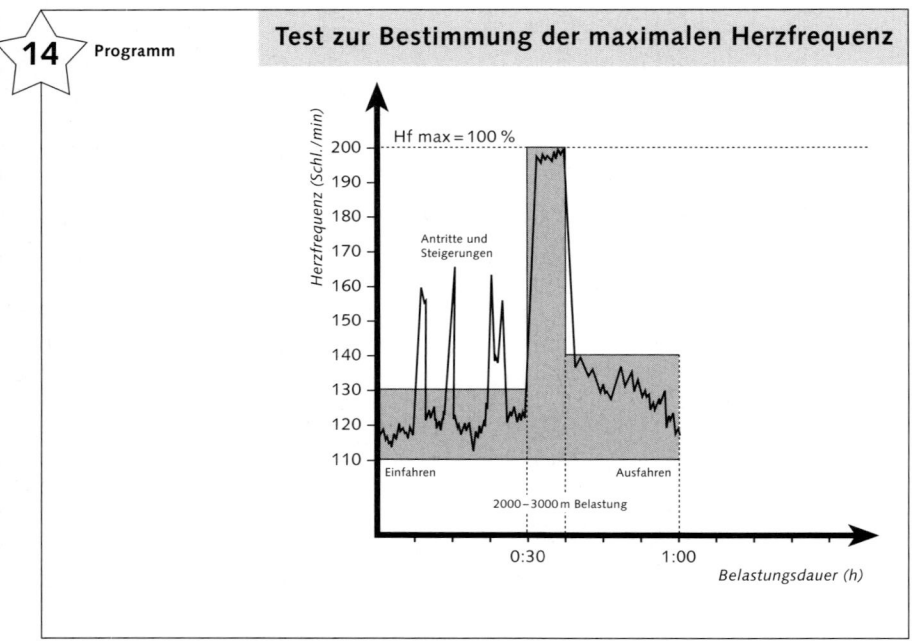

15 Feldstufentest mit dem Mountainbike

Mit diesem leistungsdiagnostischen Testverfahren können Sie Ihre aerobe und anaerobe Leistungsfähigkeit bestimmen (s. S. 18). Die ideale Teststrecke ist ein leicht profilierter Rundkurs zwischen 3000 und 5000 m mit griffigem Untergrund. Je besser Sie trainiert sind, desto länger sollte die Strecke sein. Wie in der Graphik zu sehen, fahren Sie die Teststrecke 4- bis 6mal, wobei die Intensität auf jeder Belastungsstufe erhöht wird. Aufgrund der meist unterschiedlichen äußeren Bedingungen von Test zu Test und den Schwierigkeiten, nach einer vorgegebenen Geschwindigkeit zu fahren, kann die Intensitätssteigerung am besten über die Herzfrequenz vorgenommen werden. Vor dem Test fahren Sie sich 15 Minuten locker ein. Die erste Belastungsstufe können Sie mit etwa 120 Schlägen / min fahren, bzw. sollte die Herzfrequenz so gewählt werden, daß 4 bis 6 Herzfrequenzsteigerungen von 10 bis 15 Schlägen / min möglich sind. Wollen Sie beispielsweise die Teststrecke 5mal durchfahren, müssen Sie mit einer Herzfrequenz beginnen, die etwa 75 Schläge unter Ihrem Maximalwert liegt. Versuchen Sie, Geschwindigkeit und Übersetzung dem Geländeprofil so anzupassen, daß Sie die Herzfrequenz auf jeder Stufe weitgehend konstant halten können. Dies setzt eine gewisse Erfahrung mit herzfrequenzgesteuerter Belastung voraus. Die Pausen zwischen den Belastungsstufen sind für die Blutabnahme zur Lactatbestimmung vorgesehen. Bei Eigenbestimmung mit dem Accusport-Lactatmeßgerät sollten Sie die einzelnen Handgriffe hinreichend geübt haben, um eine gleichlange Pause von etwa einer Minute einhalten zu können. Einfacher ist es natürlich, wenn Sie den Test mit einem Partner durchführen, der Ihnen das Blut nach jeder Belastungsstufe abnimmt. Insgesamt benötigen Sie für die Testauswertung (siehe S. 20) die Zeit, die Herzfrequenz und den Lactatwert einer jeden Belastungsstufe. Den Test können Sie auch auf der Fahrradrolle oder dem Fahrradergometer durchführen.

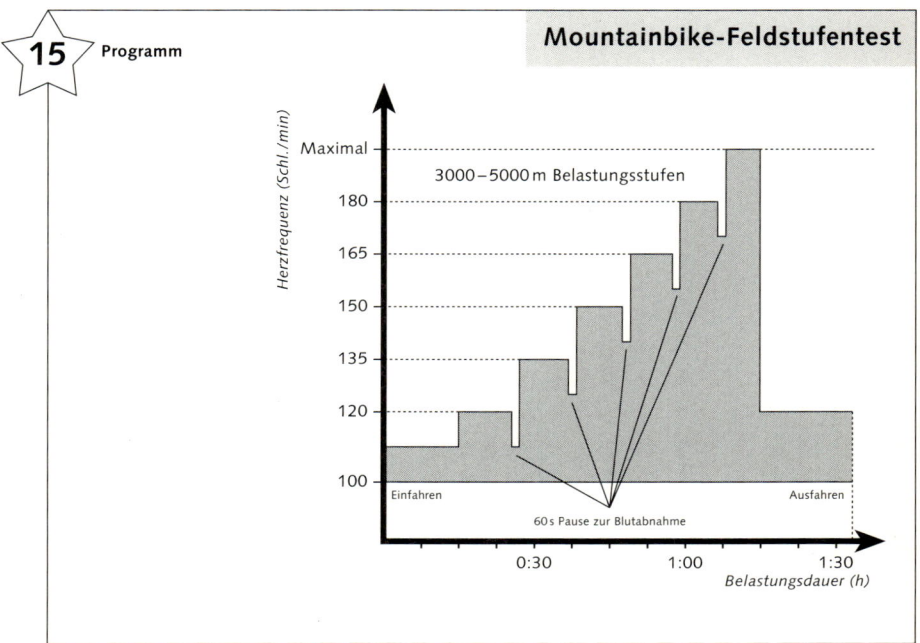

16 Hometraining auf der Rolle bzw. dem Fahrradergometer

Als richtiger Biker lassen Sie natürlich keine Gelegenheit aus, im Freien zu trainieren. Dennoch ist es manchmal angebracht, die Fahrradrolle oder das Fahrradergometer zu nutzen, beispielsweise zum Aufwärmen vor dem Krafttraining oder als intensivere Form nach dem Krafttraining, um den Kraftreiz in eine radspezifische Bewegung umzusetzen. Aber auch bei schlechtem Wetter macht es Sinn, auf den Hometrainer auszuweichen. Müssen Sie mal eine Trainingseinheit ausfallen lassen, sollte Sie nicht das schlechte Gewissen plagen. Begehen Sie nur nicht den Fehler, versäumtes Training nachholen zu wollen. Das Hometraining kann als Dauertraining (a), als Fahrtspiel (b) oder als Pyramidentraining (c und d) durchgeführt werden.

a) Dauertraining

Diese Trainingseinheit wird nach der Dauermethode mit relativ konstanter Tretfrequenz (80 bis 90 Umdrehungen / min) durchgeführt. Der Tretwiderstand bzw. die Übersetzung ist so zu wählen, daß bei mittlerer Beanspruchung, dies entspricht etwa der Intensität des GA-1-Trainings (bis 80 Prozent der maximalen Herzfrequenz), gefahren wird. Es eignet sich besonders als Aufwärmtraining vor dem Krafttraining oder als Ersatz für das Biken im Freien. Wer den Fettsäurestoffwechsel trainieren möchte, sollte über 1:30 h fahren. Eine REKOM-Einheit sollte nicht länger als 30 Minuten dauern.

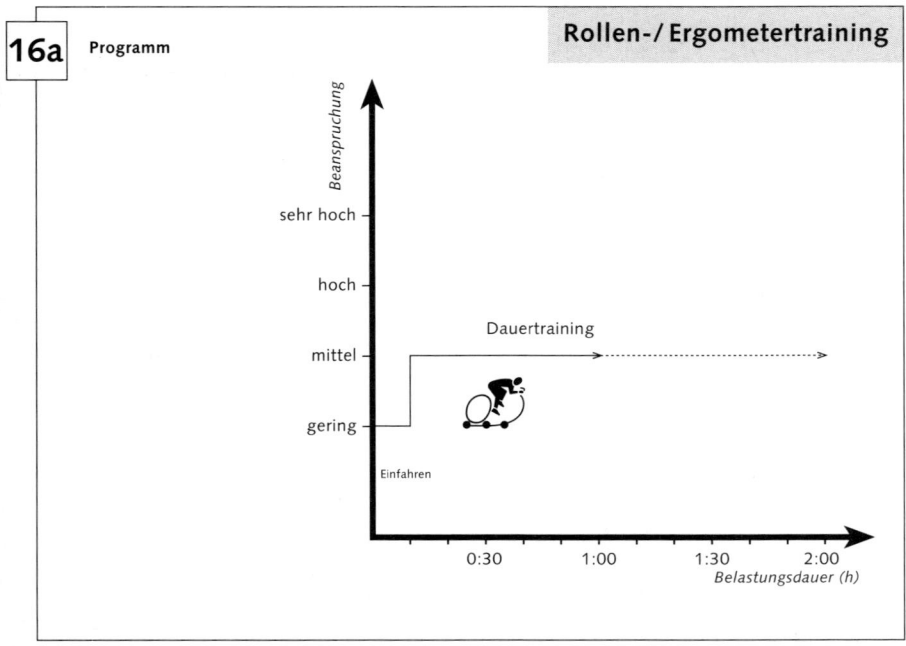

b) Fahrtspiel auf der Rolle oder dem Ergometer

Beim Fahrtspiel können Sie alle Intensitätsbereiche ansprechen. Die Tretfrequenz sollte über 90 Umdrehungen/min liegen, der Tretwiderstand ist so einzustellen, daß die
Herzfrequenz auf der niedrigsten Belastungsstufe etwa 70 Prozent, auf der höchsten
etwa 90 Prozent der maximalen Herzfrequenz beträgt.

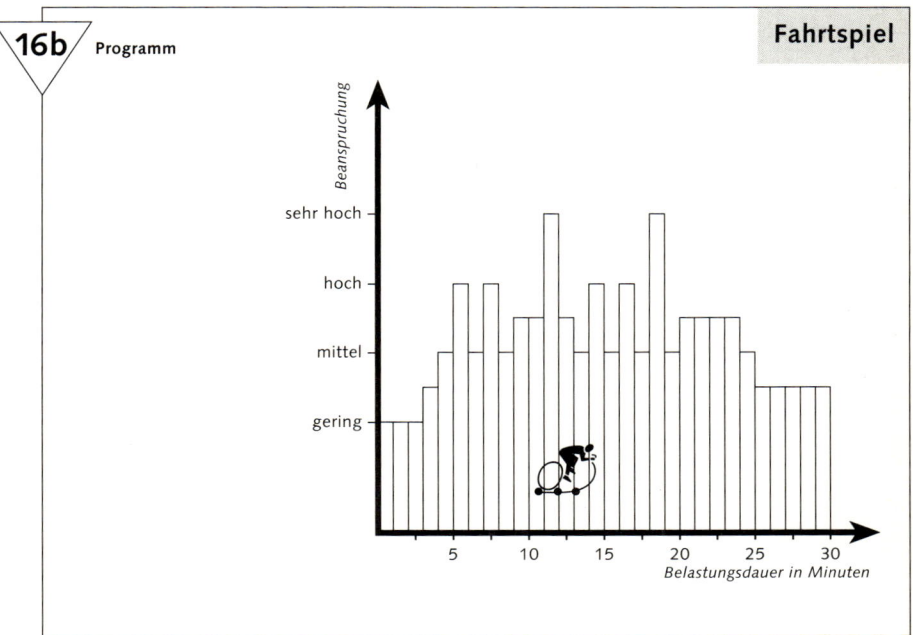

c) und d) Pyramidentraining

Wie in den Graphiken 16 c und d zu sehen, nimmt beim Pyramidentraining die Belastungsintensität von Stufe zu Stufe zu. Nach Erreichen einer hohen Belastungsintensität nimmt sie stufenförmig wieder ab. Beginnen Sie mit niedriger Intensität und pedalieren mit über 80 Umdrehungen pro Minute auf allen Stufen.

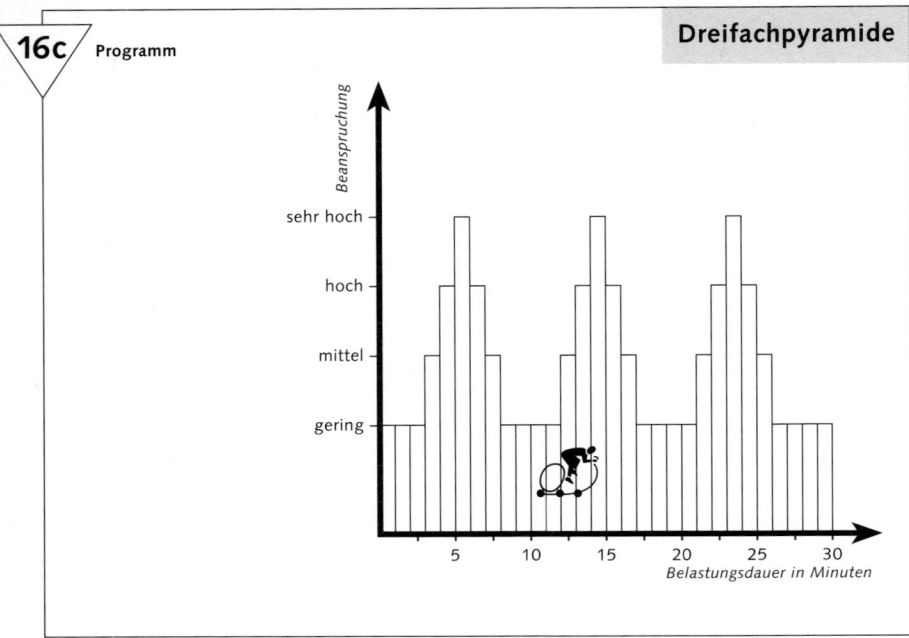

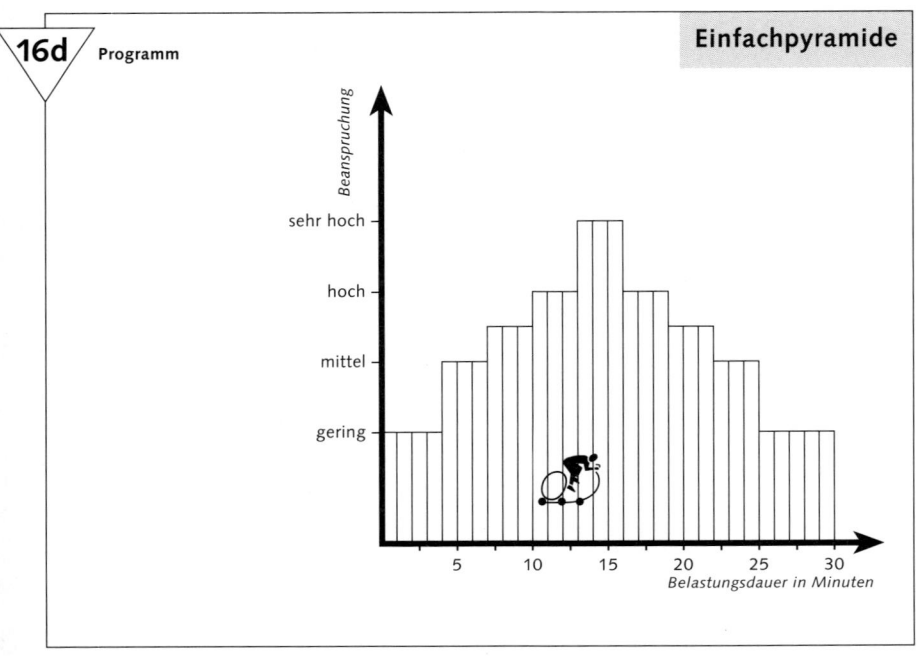

17 Run & Bike (REKOM/EB)

Beim Run & Bike wechseln Sie sich mit einem Partner beliebig oft mit Radfahren und Laufen ab. Für die Länge der Teilstrecken gibt es keine Vorgaben. Die Gesamtbelastungsdauer kann bis zu 3 Stunden betragen. Die Belastungsintensität liegt in Abhängigkeit des Streckenprofils beim Laufen im EB-Bereich (80 bis 90 Prozent der Hf_{max}), während das Radfahren in der Regel regenerativen Charakter für Sie haben wird. Run & Bike ist hervorragend geeignet, wenn Sportler mit unterschiedlichem Leistungsniveau gemeinsam trainieren wollen. Die wechselnden Belastungen zwischen Radfahren und Laufen bereiten außerdem die Muskulatur auf die spezifischen Anforderungen der Laufpassagen während eines Cross-Country-Rennens vor. Sie sollten bei kälteren Temperaturen beachten, daß Sie nach dem Laufen auf dem Bike leicht auskühlen. Deshalb unbedingt eine gemeinsame warme Jacke zum Überziehen mitnehmen.

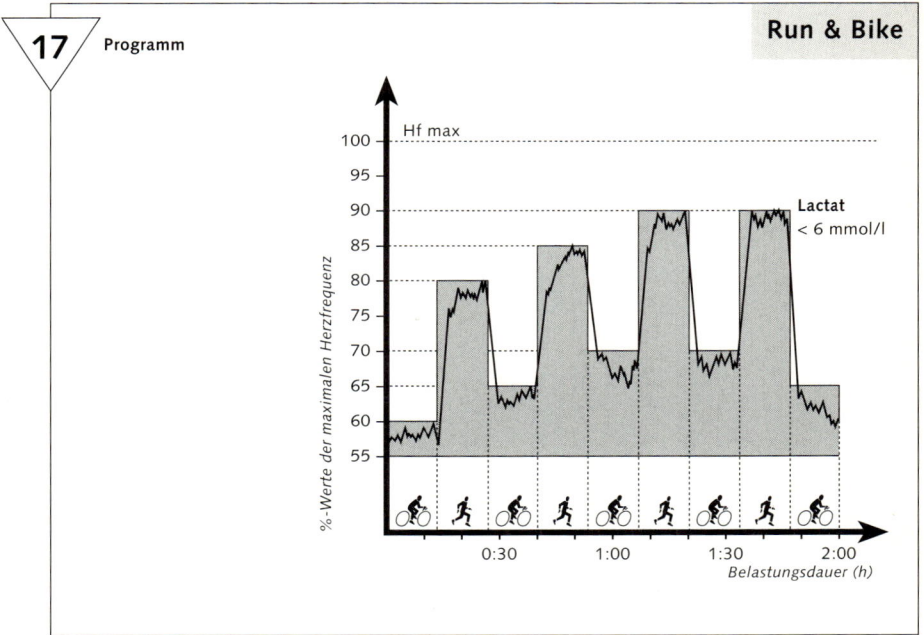

18 REKOM-Lauf

Der Regenerations- bzw. Kompensationslauf kommt vor allem als Aufwärmtraining vor dem Krafttraining an Geräten oder in der Woche vor Wettkämpfen zur Anwendung, um nach den vielen Radkilometern die Muskulatur an die Laufbewegung zu «erinnern». Er wird in flachem Gelände nach Möglichkeit auf weichem Untergrund durchgeführt. Sie sollten nicht länger als 45 Minuten unterwegs sein. Die Belastungsintensität ist niedrig und liegt unter 70 Prozent der maximalen Herzfrequenz. Die Lactatkonzentration sollte während des REKOM-Laufes nicht ansteigen und entspricht etwa dem Ruhelactatwert von 1 bis 2 mmol/l. Ein regenerativer Lauf wirkt kompensatorisch den relativ einseitigen Beanspruchungen auf dem Rad entgegen.

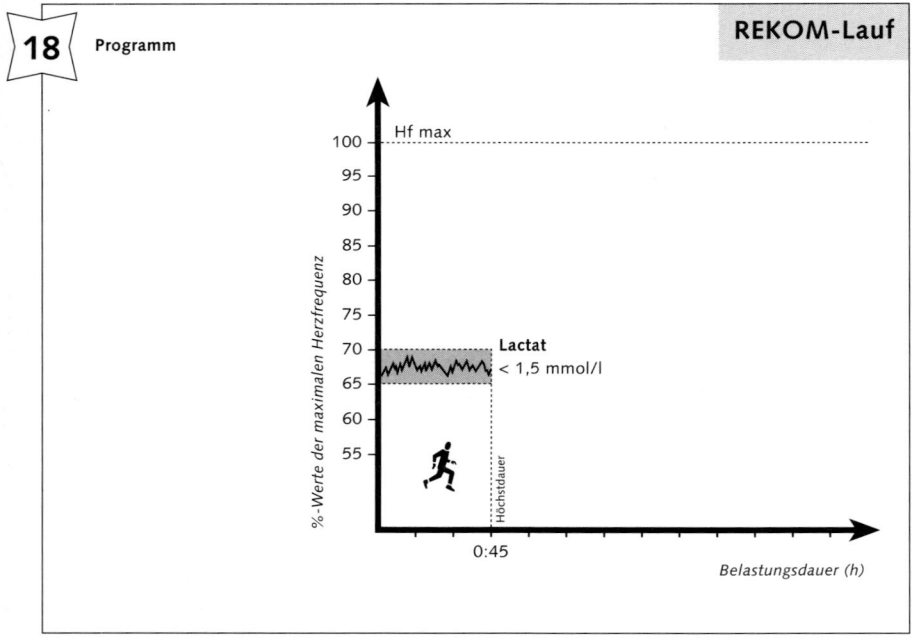

19 Extensiver Dauerlauf (GA 1)

Der extensive Dauerlauf wird nach der kontinuierlichen Dauermethode in flachem bis mittel profiliertem Gelände durchgeführt. In Abhängigkeit der Belastungsdauer kann die Herzfrequenz auf 75 bis 80 Prozent der maximalen Herzfrequenz ansteigen. Mit dem Dauerlauf lassen sich im Vergleich zum Radfahren in kürzerer Zeit reizwirksame Belastungen erzielen.

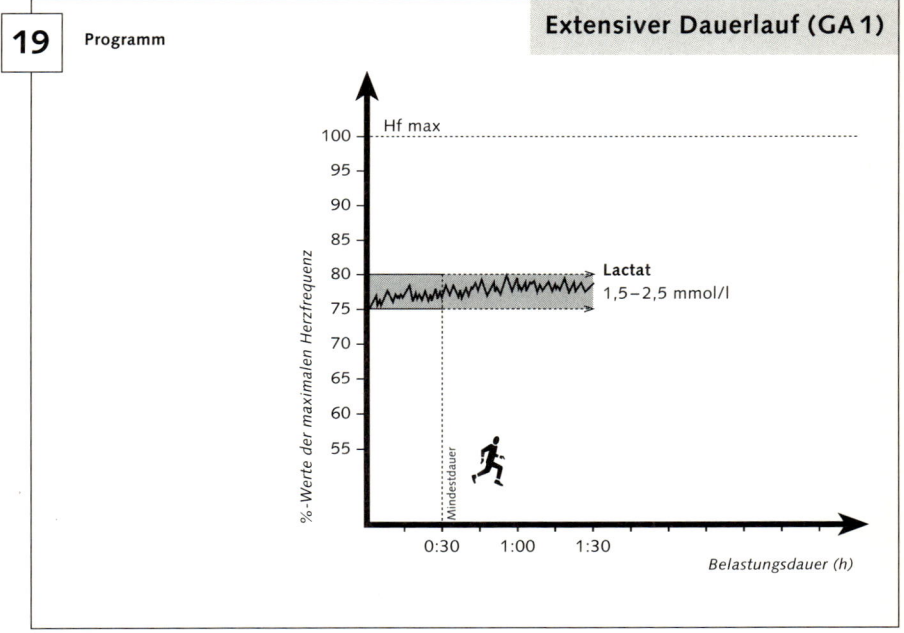

20 Lauf-Fahrtspiel (EB)

Für das Lauf-Fahrtspiel eignet sich besonders ein profiliertes Gelände. In Abhängigkeit vom Streckenprofil «spielen» Sie mit dem Tempo und der Belastungsdauer (vgl. Programme 4 und 6). Sie können beispielsweise kurze Anstiege hochsprinten und Bergabpassagen zur Erholung nutzen. Beim Fahrtspiel sollte die Belastungsintensität zwischen 70 und 85 Prozent der maximalen Herzfrequenz liegen. Die Lactatkonzentration liegt unter 3 mmol/l.

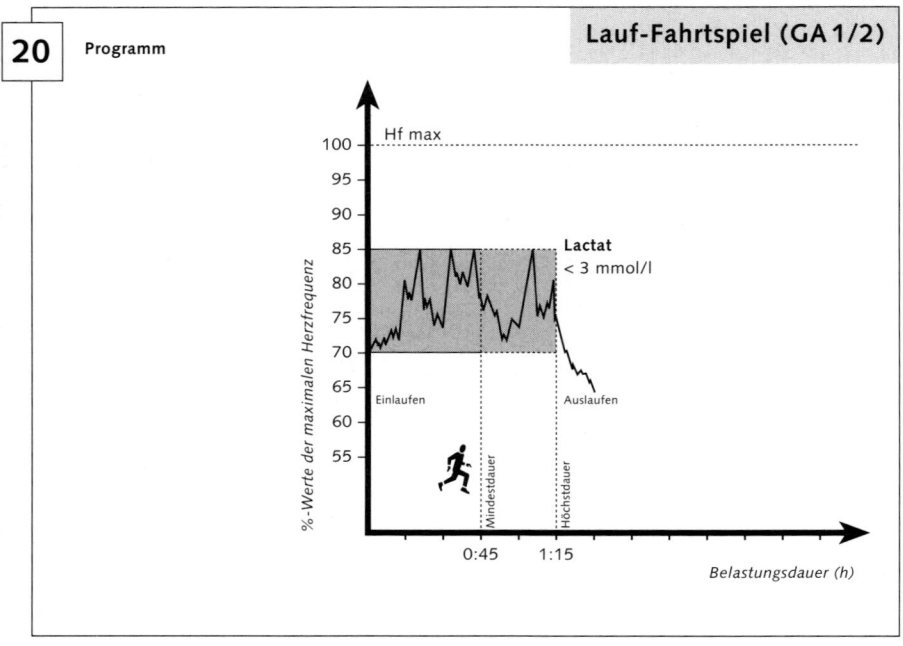

21–23 Skilanglauf / In-Line-Skating / Schlittschuhlauf (GA 1 und EB)

In den Vorbereitungsperioden sind Skilanglauf, In-Line-Skating und Schlittschuhlaufen die idealen Ergänzungssportarten zum Mountainbiking. Durch den schonenden Ganzkörpereinsatz lassen sich hohe Belastungsumfänge von mehreren Stunden zur Entwicklung der Basisausdauer relativ leicht realisieren. Außerdem bringen diese drei Sportarten Abwechslung in den Trainingsalltag. Mit dem Schlittschuhschritt entwickeln Sie aufgrund der hohen statischen Haltearbeit und dem kräftigen dynamischen Beinabdruck hervorragend Ihre Beinkraftausdauer.

Das extensive Training nach der Dauermethode wird mit einer Herzfrequenz von 70 bis 80 Prozent der Hf_{max} bzw. 2 bis 3 mmol/l Lactat absolviert (s. Programm 21). Bei längeren Belastungen wird die Intensität auf 65 bis 70 Prozent der Hf_{max} reduziert. Eine besonders erlebnisreiche Trainingseinheit, bei der Sie in besonderem Maße Ihren Fettstoffwechsel trainieren, ist eine Skilanglauftagestour (s. Programm 22). Beim Fahrtspiel hingegen bestimmt der Sportler selbst Tempo und Länge der Belastungsabschnitte in einer Trainingseinheit. Eine obere Intensitätsgrenze (90 Prozent von Hf_{max}) hilft, Überforderungen zu vermeiden. Bei einem langen Fahrtspiel von bis zu 2 Stunden sollten Sie eine Lactatkonzentration von 6 mmol/l nicht überschreiten (s. Programm 23).

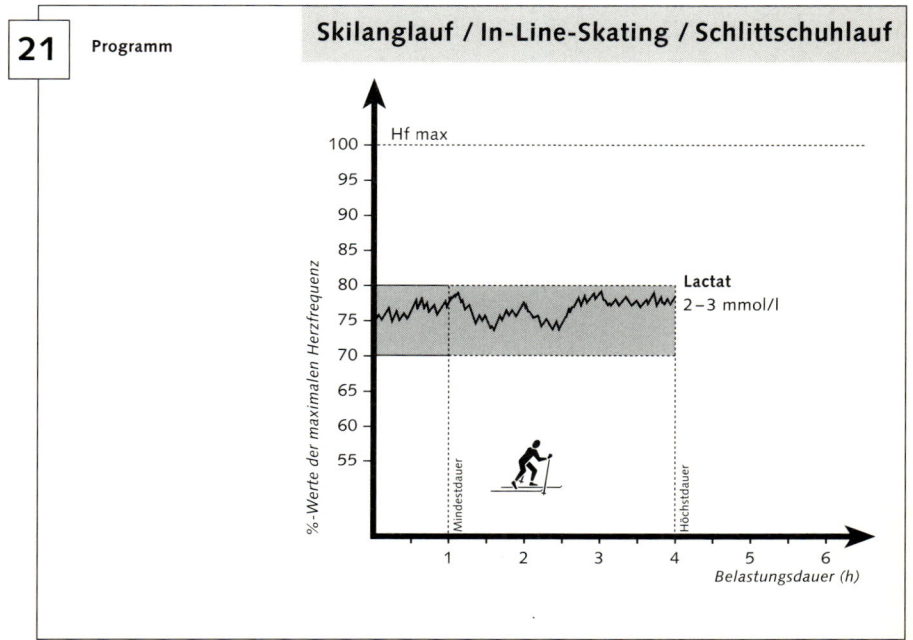

21 Programm

Skilanglauf / In-Line-Skating / Schlittschuhlauf

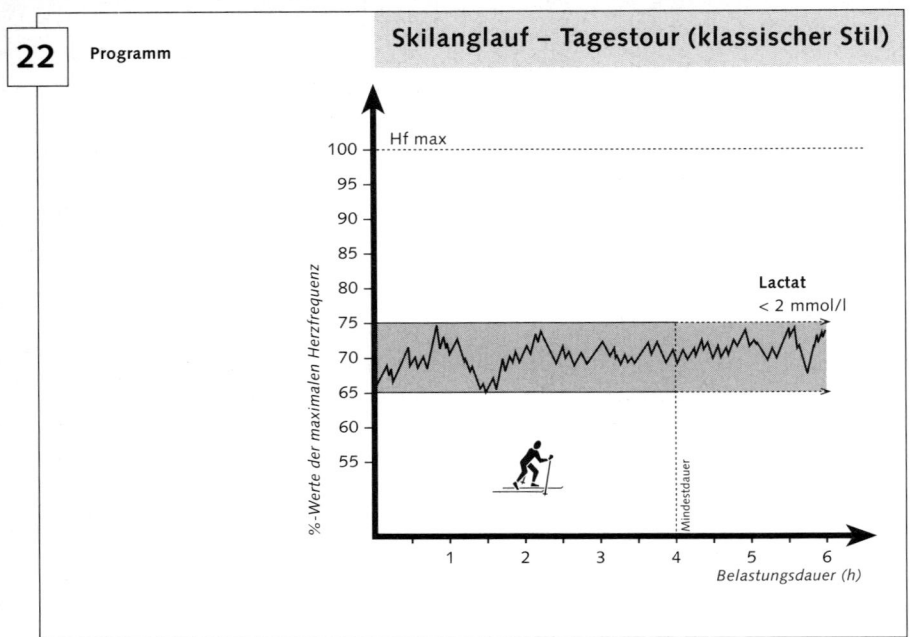

Programm 22

Skilanglauf – Tagestour (klassischer Stil)

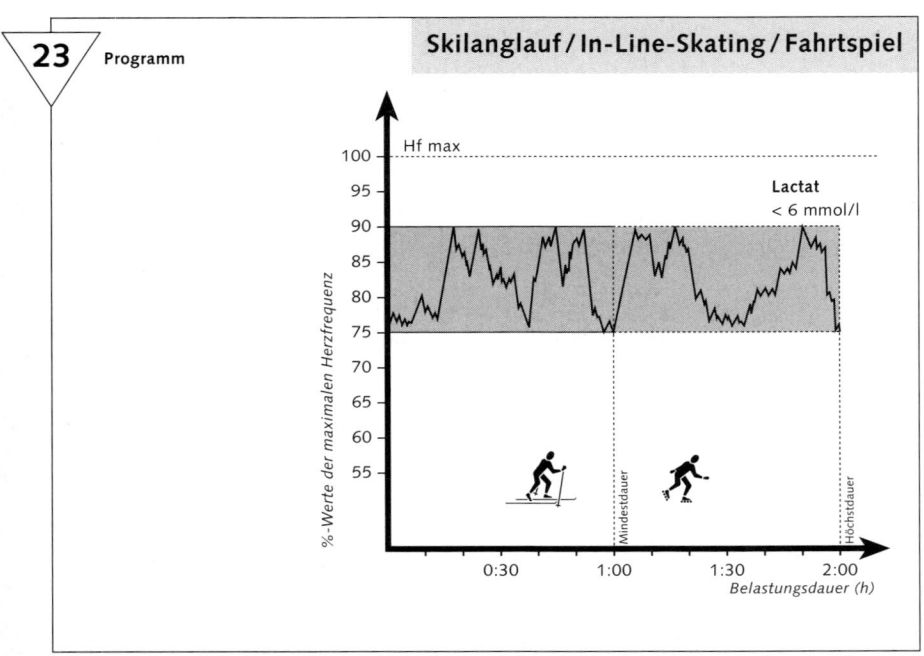

Programm 23

Skilanglauf / In-Line-Skating / Fahrtspiel

24 | 24 REKOM-Schwimmen

Das REKOM-Schwimmen in gut temperiertem Wasser (> 27 °C) eignet sich ideal zur Regeneration bzw. Kompensation nach harten Trainingseinheiten oder Wettkämpfen. Die Dauer der Einheit sollte etwa 30 Minuten betragen. Es ist günstig, wenn Sie in verschiedenen Techniken schwimmen können. Rückenschwimmen ist besonders entspannend für die Rückenmuskulatur. Wie viele Bahnen Sie in einer Einheit schwimmen, ist von untergeordneter Bedeutung. Wichtiger ist es, daß Sie sich beim Schwimmen entspannen, also wenn nötig auch mal eine Pause einlegen. Der Wasserreiz wirkt in jedem Fall günstig auf den Muskeltonus.

25 | 25 Aqua-Jogging

Aqua-Jogging bei langsamer und entspannter Bewegungsausführung über etwa 30 Minuten ist ein gelenkschonendes Regenerations- und Kompensationstraining. Besonders gern wird es von ‹Schwimmuffeln› als Alternative zum Schwimmen eingesetzt. Zum Aqua-Jogging eignen sich Flachwasser und Tiefwasser. Im Tiefwasser werden die Laufbewegungen mit Auftriebshilfen ohne Bodenkontakt imitiert. Alle Muskeln, die am Tretvorgang beteiligt sind, werden durch die zyklischen Bewegungen gelockert und zugleich gekräftigt. Je nach Zielsetzung können Sie daraus eine durchaus stark beanspruchende Trainingseinheit machen. Höhere Bewegungsfrequenzen führen aufgrund des hohen Wasserwiderstandes zu starken Beanspruchungen des Herz-Kreislauf-Systems und der Muskulatur.

Das Training für den Gesundheits- und Fitneßsportler

Mountainbiking macht Spaß und hält Sie fit. Bei einer Fahrt abseits von Hektik und Streß können Sie sich von einem anstrengenden Arbeitstag entspannen. Am Wochenende mit Freunden auf Radtour zu gehen oder gar seinen Urlaub mit dem Fahrrad aktiv zu gestalten ist ein Erlebnis.

Mit den folgenden abwechslungsreichen und vielseitigen Wochentrainingsplänen wollen wir Sie das ganze Jahr sportlich aktiv halten und so zu Ihrer Gesundheit, Fitneß und Leistungsfähigkeit beitragen.

Vielleicht haben Sie sich in der Vergangenheit gewundert, daß Sie sich nach einer langen Fahrt mehrere Tage ausgepowert und müde fühlten, daß Sie Ihre Leistungsfähigkeit trotz regelmäßigen Trainings nicht erhöhen konnten, daß Sie nach dem Radfahren muskuläre Verspannungen oder Beschwerden in den Gelenken hatten und vieles mehr.

All diese Unannehmlichkeiten müssen nicht sein, wenn Sie mit System trainieren, sich also optimal fordern, nicht überfordern. Dazu haben wir ein 16-Wochen-Programm zusammengestellt, das systematisch und schonend Ihre Fitneß verbessert. Sie werden nicht nur biken, sondern auch in anderen Ausdauersportarten aktiv sein und zu Gymnastik (s. S. 102 f.) und Krafttraining (s. S. 115 f.) angeleitet. So bleibt Ihre

Ganzkörpermuskulatur funktions- und leistungsfähig und ist auf die spezifischen Beanspruchungen des Mountainbikings vorbereitet. Sie werden länger, entspannter und freudvoller fahren können und nicht zum Beispiel aufgrund von Rückenproblemen die Radtour abbrechen müssen.

Die **Wochentrainingspläne** sind so aufgebaut, daß nach einer dreiwöchigen Phase mit allmählich ansteigenden Umfängen eine Woche mit reduzierter Beanspruchung folgt. Diese Woche sollen Sie zur aktiven Erholung nutzen. Das Prinzip von wechselnden Belastungs- und Erholungsphasen ist erforderlich, um Trainingsreize optimal verarbeiten zu können und um den Organismus vor einer Überforderung zu schützen.

In den **ersten 4 Wochen** sollen Sie sich an das spezielle Trainingsprogramm gewöhnen. Der Umfang von drei bis fünf Stunden pro Woche ist leicht zu schaffen, zumal das Training auf drei Tage verteilt ist. Neben dem Mountainbiking empfehlen wir, in anderen Sportarten aktiv zu sein und ein Fitneßtraining an Geräten (KT_1, S. 131) zu nutzen, um die allgemeine Belastbarkeit zu erhöhen. Nach einer Eingewöhnungsphase mit lockeren Trainingseinheiten im REKOM- bzw. im extensiven Grundlagenausdauer-Bereich gilt besonderes Augenmerk dem Test in der 2. Woche, mit dem Sie Ihre maximale Herzfrequenz bestimmen. Dieser Test ist deshalb so wichtig, weil Sie über den ermittelten Wert (aus Tabelle S. 139) in den nächsten Wochen die Trainingsintensität beim Biken steuern sollen. Die ermittelten Werte können Sie in den Wochentrainingsplänen in die entsprechende Leerzeile eintragen.

In den **Wochen 5 bis 8** werden die Umfänge weiter erhöht. Ein vierter Trainingstag kommt hinzu. Inhaltlich machen Sie Bekanntschaft mit einem systematischen Kraftausdauertraining. Die Kraftausdauer wird nicht nur dann trainiert, wenn Sie zufällig mal einen Anstieg hochfahren müssen, sondern regelmäßig mit einer speziellen Trainingseinheit. Außerdem unterstützen Sie Ihre Kraftentwicklung durch das Kraftausdauertraining an Geräten (KT_1, KT_2). Die 5-km-Fahrt auf Zeit in der 8. Woche soll Ihnen die Möglichkeit einer ersten Standortbestimmung Ihres Fitneßzustandes geben. Die erzielte Zeit und die erreichten Herzfrequenz- und Lactatwerte sind zudem Orientierungswerte, an denen Sie die Ergebnisse der in Zukunft folgenden Tests messen können.

Die **Wochen 9 bis 12** stehen ganz im Zeichen einer nochmaligen Umfangserhöhung auf fünf Trainingstage pro Woche. Wir hoffen, Sie können diese Zeit für sich beanspruchen, ohne andere Verpflichtungen dabei zu vernachlässigen. Für Sie als Fitneßbiker ist es einfach günstiger, sich mehrmals, aber dafür von kürzerer Dauer zu belasten als beispielsweise nur zweimal in der Woche über mehrere Stunden. Außerdem ist es in der Woche oft schwer, die Zeit für lange Trainingseinheiten zu finden, zum anderen ermüdet man nach längeren Fahrten auch stärker und benötigt eine längere Regenerationsphase. Der Hauptgrund jedoch ist, daß Sie Ihren Organismus durch die häufigeren Reize auch häufiger zu Umstellungsreaktionen zwingen und er sich effektiver auf ein höheres Leistungsniveau einstellen kann. Dies ermöglicht die schnellste und höchste Leistungsentwicklung und Fitneßsteigerung.

In der 12. Woche kommt ein 3wöchiger Block, das Krafttraining an Geräten, zum forcierten Muskelaufbau hinzu. Suchen Sie sich einen geeigneten Kraftraum. Am Ende dieser Trainingsphase steht wiederum die 5-km-Fahrt auf Zeit. Sie werden staunen, welche Veränderungen eingetreten sind. Mögliche Zeichen einer besseren Leistungsfähigkeit sind: Sie fahren die Teststrecke schneller als beim ersten Mal, oder Sie bewältigen die Strecke in der gleichen Zeit, dafür aber mit einer geringeren Anstrengung, was sich im Vergleich zum ersten Test in niedrigeren Herzfrequenz- und Lactatwerten niederschlagen würde. Sollten Sie mit Ihrer Leistung jedoch nicht ganz zufrieden sein, so bedenken Sie, daß solche maximalen Leistungen stark von der jeweiligen Tagesform abhängen.

In den **letzten 4 Wochen** dieses Fitneßplanes werden die Umfänge nur unwesentlich erhöht. Sie haben sich aber so weit spezialisiert, daß Sie nun fast ausschließlich auf dem Mountainbike trainieren. Der wichtigste neue Trainingsreiz besteht darin, daß Sie nicht nur im Test, sondern endlich auch mal im Training schneller fahren dürfen. Die Intensität im sogenannten Entwicklungstraining (EB) liegt im Bereich der aerob-anaeroben Schwelle (s. S. 13 f.) und wirkt stark auf die Weiterentwicklung der Ausdauer. Durch diese Trainingsform wird es Ihnen möglich, über einen längeren Zeitraum mit höherer Geschwindigkeit zu fahren. Aber nur, wenn Sie in den ersten 12 Wochen nach Plan trainiert und die Basis dafür gelegt haben. Am Ende dieses Blocks steht wieder eine Leistungskontrollfahrt über 5 km. Vielleicht haben Sie mittlerweile auch schon mal mit dem Gedanken gespielt, an einem Mountainbike-Rennen teilzunehmen. Zugegeben, Sie würden noch nicht «vorn mit dabeisein», aber Sie würden ohne Probleme ins Ziel kommen.

Wochenpläne Fitneßbiker (Seite 64–66)

Bezeichnungen für die Krafttrainingsprogramme
in den Wochentrainingsplänen

KT_1:　**Circuittraining**

KT_2:　**Kraftausdauertraining**

KT_3:　**Muskelaufbautraining**

KT_4:　**Supersatztraining**

Wochenpläne: Fitneßbiker (4–8 h pro Woche)

Woche	Montag	Dienstag	Mittwoch	Donnerstag	Freitag	Samstag	Sonntag	Umfang
1.	[18] ~20min REKOM-Lauf Hfmax: 65–70 % / Lactat: <1,5mmol/l / (KT₁)		[2] ~1:00h extensive Radfahrt Hfmax: 65–70 % / Lactat: <2mmol/l			[17] ~1:30h Run & Bike Hfmax: <90 % / Lactat: <4mmol/l / Hfmax: ~70 %		3–4 h
2.	[18] ~20min REKOM-Lauf Hfmax: 65–70 % / Lactat: <1,5mmol/l / (KT₁)		[2] ~1h extensive Radfahrt Hfmax: 65–70 % / Lactat: <2mmol/l		[1] ~45min REKOM-Radfahrt Hfmax: 55–60 % / Lactat: <1,5mmol/l	[14] ~1h Hfmax Test		3–4 h
3.	[18] ~20min REKOM-Lauf Hfmax: 65–70 % / Lactat: <1,5mmol/l / (KT₁)		[4] ~2:00h extensives Fahrtspiel Hfmax: 60–80 % / Lactat: <3mmol/l			[17] ~2h Run & Bike Hfmax: <90 % / Lactat: <4mmol/l / Hfmax: ~70 %		4–5 h
4.	[16a] ~30min Ergo/Rolle Dauertraining (KT₂)		[2] ~1:00h extensive Radfahrt Hfmax: 70–75 % / Lactat: <2,5mmol/l			[17] ~1:30h Run & Bike Hfmax: <90 % / Lactat: <4mmol/l / Hfmax: ~70 %		3–4 h
5.	[16a] ~30min Ergo/Rolle Dauertraining (KT₂)		[2] ~1:30h extensive Radfahrt Hfmax: 70–75 % / Lactat: <2,5mmol/l		[8] ~1:20h extensive Kraftausd. Radfahrt Hfmax: 70–80 % / Lactat: <4mmol/l	[17] ~1:10h Run & Bike Hfmax: <90 % / Lactat: <4mmol/l / Hfmax: ~70 %		4–5 h

#					Gesamt
6.	16a ~30 min Ergo / Rolle Dauertraining (KT₂)	[4] ~2:00h extensives Fahrtspiel, Hfmax: 60–80 %, Lactat: <3 mmol/l	[8] ~1:30h extensive Kraftausdauer Radfahrt, Hfmax: 70–80 %, Lactat: <4 mmol/l	[21] ~1:30h Inline Skating Skilanglauf, Hfmax: 70–80 %, Lactat: <2–3 mmol/l	5–6 h
7.	[4] ~1:30h extensives Fahrtspiel, Hfmax: 60–80 %, Lactat: <3 mmol/l	[2] ~1:30h extensive Radfahrt, Hfmax: 70–75 %, Lactat: <2,5 mmol/l	[8] ~1:30h extensive Kraftausd. Radfahrt, Hfmax: 70–80 %, Lactat: <4 mmol/l	[21] ~2:00h Inline Skating Skilanglauf, Hfmax: 70–80 %, Lactat: <2–3 mmol/l	6–7 h
8.	[4] ~1:00h extensives Fahrtspiel, Hfmax: 60–80 %, Lactat: <3 mmol/l	[2] ~1:00h extensive Radfahrt, Hfmax: 70–75 %, Lactat: <2,5 mmol/l	[1] ~45 min REKOM-Radfahrt, Hfmax: 55–60 %, Lactat: <1,5 mmol/l	[13] 5 km auf Zeit	3–4 h
9.	(KT₂) 16b ~30 min Ergo / Rolle Fahrtspiel	[4] ~1:00h extensives Fahrtspiel, Hfmax: 60–80 %, Lactat: <3 mmol/l	[8] ~1:30h extensive Kraftausd. Radfahrt, Hfmax: 70–80 %, Lactat: <4 mmol/l	[2] ~1:30h extensive Radfahrt, Hfmax: 70–75 %, Lactat: <2,5 mmol/l	[21] ~1:00h Inline Skating Skilanglauf, Hfmax: 70–80 %, Lactat: <2–3 mmol/l — 5–6 h
10.	(KT₂) 16c ~30 min Ergo / Rolle Dreifachpyramide	[4] ~1:00h extensives Fahrtspiel, Hfmax: 60–80 %, Lactat: <3 mmol/l	[8] ~1:30h extensive Kraftausdauer Radfahrt, Hfmax: 70–80 %, Lactat: <4 mmol/l	[2] ~2:30h extensive Radfahrt, Hfmax: 65–70 %, Lactat: <2 mmol/l	[21] ~1:00h Inline Skating Skilanglauf, Hfmax: 65–70 %, Lactat: <2 mmol/l — 6–7 h
11.	(KT₂) 16d ~30 min Ergo / Rolle Einfachpyramide	[4] ~1:00h extensives Fahrtspiel, Hfmax: 60–80 %, Lactat: <3 mmol/l	[8] ~2:00h extensive Kraftausd. Radfahrt, Hfmax: 70–80 %, Lactat: <4 mmol/l	[2] ~2:30h extensive Radfahrt, Hfmax: 65–70 %, Lactat: <2 mmol/l	[21] ~1:30h Inline Skating Skilanglauf, Hfmax: 70–80 %, Lactat: <2–3 mmol/l — 7–8 h

12.	16a ~20min Ergo/Rolle Dauertraining (KT₃)	2 ~1:00h extensive Radfahrt Hfmax: 70–75 % Lactat: <2,5 mmol/l	1 ~45min REKOM-Radfahrt Hfmax: 55–60 % Lactat: <1,5 mmol/l	13 5 km auf Zeit		3–4 h
13.	16a ~20min Ergo/Rolle Dauertraining (KT₃)	2 ~1:30h extensive Radfahrt Hfmax: 70–75 % Lactat: <2,5 mmol/l	6a ~1:00h intensives Fahrtspiel Hfmax: 60–90 % Lactat: <6 mmol/l	8 ~1:30h extensive Kraftausdauer Radfahrt Hfmax: 70–80 % Lactat: <4 mmol/l	4 ~1:00h extensives Fahrtspiel Hfmax: 70–80 % Lactat: <4 mmol/l	6–7 h
14.	(KT₃) 6b ~30min Ergo/Rolle Fahrtspiel	4 ~1:30h extensives Fahrtspiel Hfmax: 60–80 % Lactat: <3 mmol/l	5 ~1:15h intensive Radfahrt Hfmax: 80–85 % Lactat: <3–6 mmol/l	8 ~1:45h extensive Kraftausdauer Radfahrt Hfmax: 70–80 % Lactat: <4 mmol/l	2 ~2:30h extensive Radfahrt Hfmax: 65–70 % Lactat: <2 mmol/l	7–8 h
15.	2 ~1:00h extensive Radfahrt Hfmax: 70–75 % Lactat: <2,5 mmol/l	4 ~1:30h extensives Fahrtspiel Hfmax: 60–80 % Lactat: <3 mmol/l	6a ~1:00h intensives Fahrtspiel Hfmax: 60–90 % Lactat: <6 mmol/l	8 ~1:30h extensive Kraftausdauer Radfahrt Hfmax: 70–80 % Lactat: <4 mmol/l	2 ~2:30h extensive Radfahrt Hfmax: 65–70 % Lactat: <2 mmol/l	7–8 h
16.	1 ~1:00h REKOM-Radfahrt Hfmax: 55–60 % Lactat: <1,5 mmol/l	4 ~1:00h extensives Fahrtspiel Hfmax: 60–80 % Lactat: <3 mmol/l	1 ~45min REKOM-Radfahrt Hfmax: 55–60 % Lactat: <1,5 mmol/l	13 5 km auf Zeit		3–4 h

Das Training für Hobbybiker und Amateur

Im Gegensatz zum Gesundheits- und Fitneßbiker nehmen Sie auch an Mountainbike-Rennen teil. Auf welchem Leistungsniveau Sie Ihren Sport ausüben, ist in hohem Maße von der Zeit abhängig, die Sie in das Training investieren. Sie sollten sich also fragen, wieviel Zeit Sie aufbringen wollen und können. Dabei sollten Sie nicht aus den Augen verlieren, wieviel Sie in der Vergangenheit trainiert haben. Eine mehr als 50prozentige Umfangserhöhung wäre nicht sinnvoll.

Ihre Ziele für die nächste Saison könnten wie folgt aussehen: Sie wollen endlich einmal vor Ihrem stärksten Konkurrenten ins Ziel kommen oder sich bei Ihrem Lieblingsrennen einfach nur um ein paar Plätze nach vorn verbessern. Oder aber Gegner sind Ihnen völlig gleichgültig, und Sie wollen auf dem Rennen ‹X› schneller sein als letztes Jahr – weil es einfach Spaß macht. Was es auch ist, mit diesen Trainingsprogrammen wollen wir Ihnen helfen, gesundheitlich verträglich Ihre Ziele zu erreichen.

Vielleicht haben auch Sie sich gewundert, warum Sie gerade dann, wenn Sie so gut drauf waren, von Verletzungen zurückgeworfen wurden. Oder warum trotz aller Trainingsmühen und guter Trainingsleistungen die Wettkampferfolge ausblieben. Die Ursache hierfür liegt meist in einer Überforderung im Training bzw. in einer zu hohen Trainingsintensität. Wer sich zu oft überfordert, riskiert einen **Übertrainings-zustand**, der stets Ausdruck eines Mißverhältnisses zwischen Training und Erholung, zwischen Gesamtbelastung und individueller Belastbarkeit bzw. zwischen Streß und Streßtoleranz ist. Im Zustand des Übertrainings ist Ihre Leistungsfähigkeit herabgesetzt. Ignorieren Sie den anfänglichen Übertrainingszustand, oder versuchen Sie, dieses Leistungstief gar durch vermehrtes intensives Training zu überwinden, setzen Sie sich der Gefahr eines **langfristigen Übertrainings** aus. Symptome und Erscheinungsformen wie Schlafstörungen, chronische Tages- und Trainingsmüdigkeit, depressive Verstimmungen, eine erhöhte oder stark verminderte Herzfrequenz in Ruhe und ein geschwächtes Immunsystem mit erhöhter Infektneigung können die Folge sein. Am sichersten vermeiden Sie ein Übertraining, wenn Sie sich an den ausgearbeiteten Trainingsplänen, in die wir all unsere langjährigen Erfahrungen mit Leistungs- und Hochleistungssportlern eingebracht haben, orientieren und auf Ihre persönliche Situation abstimmen. Außerdem ist auf eine gesunde ausgewogene kohlenhydratbetonte Ernährung sowie auf Regenerationsmaßnahmen und ausreichenden Schlaf zu achten. Psychische Belastungen im familiären oder im beruflichen Bereich begünstigen ein Übertraining. Schweben Sie dagegen psychisch auf Wolke sieben, können Ihnen auch ungewöhnliche Belastungen so schnell nichts anhaben.

Periodisierung im Jahresverlauf

Die Einteilung des Jahrestrainings in mehrere Trainingsabschnitte mit unterschiedlicher Zielsetzung nennt man Periodisierung. Wir unterteilen das Trainingsjahr des Mountainbikers in vier Perioden:
1. die allgemeine Vorbereitungsperiode (Wintertraining)
2. die spezielle Vorbereitungsperiode (Frühjahrstraining)

3. die Wettkampfperiode und
4. die Übergangsperiode

Der Grundaufbau des Jahrestrainings wird in der nebenstehenden Abbildung auf Seite 69 modellhaft dargestellt. Nach der Übergangsperiode, in der Sie sich gut von den Belastungen der letzten Saison erholt haben, beginnt die 12- bis 18wöchige allgemeine Vorbereitungsperiode. Der Schwerpunkt liegt auf der Entwicklung einer hohen Grundlagenausdauer, allgemeiner Kraftfähigkeiten und dem Erwerb technischer Fertigkeiten. In der folgenden 6wöchigen speziellen Vorbereitung sollen die Leistungsvoraussetzungen mit intensiveren Trainingseinheiten im Entwicklungs- (EB-) und Kraftausdauer- (KA-)Bereich weiter erhöht werden. Daran schließt sich die lange Wettkampfperiode an. Zwischen den Wettkampfblöcken 1 und 2 sollten Sie eine zwei- bis vierwöchige Übergangsperiode (z. B. Juli) einlegen. Nutzen Sie diese Zeit zur aktiven Erholung, physischen und mentalen Regeneration.

Jahresplanung im Mountainbiking

Abbildungserklärungen

REKOM: Regenerations- und Kompensationstraining (s. Trainingseinheit 1, Seite 36)

GA: Grundlagenausdauertraining (s. Trainingseinheiten 2 bis 4, Seite 37–39)

EB: Training im Entwicklungsbereich (s. Trainingseinheiten 5 bis 7, Seite 40–43)

SB: Training im Spitzenbereich (s. Trainingseinheiten 11 und 12, Seite 47–49)

KA: Kraftausdauertraining auf dem Bike (s. Trainingseinheiten 8 bis 10, Seite 43–47)

KT: Krafttraining an Geräten (s. Programme KT 1–4, Seite 131–132)

ÜP: Übergangsperiode

Zyklische Gestaltung des Trainings

Die zyklische Gestaltung des Trainings hat großen Einfluß auf Ihre Leistungsfähigkeit. Ein Trainingszyklus beschreibt unterschiedlich lange Belastungsphasen und kann 2 bis 3 Tage, eine Woche (Mikrozyklus), 3 bis 4 Wochen (Mesozyklus) oder mehrere Monate (Makrozyklus) umfassen. Nach jeder Belastungsphase folgt eine Entlastungsphase. Die Zyklen bauen im Sinne einer ansteigenden (progressiven) Belastung aufeinander auf. In allen dargestellten Plänen haben wir einen 2:1- bis 3:1-Zyklus gewählt, d. h., auf einen zwei- bis dreitägigen (-wöchigen) Belastungsblock folgt eine Entlastungsphase mit reduzierten Trainingsbelastungen, die Ihrem Organismus hinreichend Zeit für die Verarbeitung der Trainingsreize geben soll. Überforderungen treten bei Anwendung der Zyklusmethode selten auf.

Wintertraining des Hobbybikers

Die allgemeine Vorbereitungsperiode beginnt nach der Übergangsperiode im November und dauert etwa 16 Wochen. Ziel ist es, allgemeine Voraussetzungen für die Wett-

Jahresplanung im Mountainbiking

Monat	Okt.	Nov.	Dez.	Jan.	Feb.	März	April	Mai	Juni	Juli	August	Sept.	Okt.
Periode	ÜP	allgemeine Vorbereitungsperiode				spezielle Vorbereitungen		1. Wettkampfblock		ÜP	2. Wettkampfblock		
Wochen-anzahl	3	18				6		-10		-4	-11		
Woche	43 / 42 44	45 47 / 46 48	49 51 / 50 52	1 3 / 2 4	5 7 9 / 6 8 10	11 13 15 / 12 14 16	17 / 18	19 21 23 25 / 20 22 24 26		27 29 31 33 / 28 30 32 34	35 37 39 41 / 36 38 40		

Schwerpunkt

R E K O M

Grundlagen- und Techniktraining						spezielle Ausdauer			wettkampfspezifische Ausdauer				
Dehnungsgymnastik und Kräftigungsübungen													
KT₁/KT₂/KT₃ oder KT₄						*KT₃ oder KT₄*							
KA 1						KA 2		KA 1			KA 1		
GA 1						GA 1 / EB		GA 1 / SB		REKOM	GA 1 / SB		

Ziel

Erhöhung der allgemeinen Leistungsgrundlagen

Erhöhung der spezifischen Leistungsvoraussetzungen

Ausprägung der Wettkampfleistung

Stabilisierung der Wettkampfleistung

Belastungssteigerung

kampfsaison zu schaffen. Das Wintertraining des Mountainbikers kann von extremen klimatischen Bedingungen beeinträchtigt werden, die es unmöglich machen, alle Einheiten auf dem Bike durchzuführen. Als Alternative bieten sich extensive Läufe (Programme 18–20) oder für zu Hause ein Training auf der Rolle oder dem Fahrradergometer an (Programme 16 a–d). Die Wochentrainingspläne sind nach dem oben beschriebenen Zyklisierungsprinzip in Vierwochenblöcke aufgeteilt, d. h., nach drei Wochen mit ansteigenden Belastungsumfängen folgt eine Woche mit geringeren Umfängen.

Im **ersten Vierwochenblock** werden Sie behutsam auf das regelmäßige Training eingestimmt. Die lockeren Einheiten auf dem Rad, im Laufen und im Krafttrainingsraum sollen die Voraussetzungen für nachfolgend umfangreichere Trainingsbelastungen schaffen. Besonders wichtig ist es, daß Sie von Beginn an mit der «richtigen» Intensität trainieren. Deshalb steht am Ende der 2. Woche bereits der Test zur Bestimmung der maximalen Herzfrequenz (Hf_{max}). Möglicherweise werden Sie Veränderungen gegenüber den Testwerten aus der letzten Saison feststellen. Die Hf_{max} kann höher oder niedriger sein, je nachdem, wie ausgepowert Sie am Ende der letzten Saison waren oder wie ausgeruht und erholt Sie nun nach der Übergangsperiode sind. Aus der ermittelten Hf_{max} können Sie Ihre Trainingsherzfrequenzen für die verschiedenen Trainingsbereiche prozentual berechnen (s. Tab. 139 im Anhang). Das Kraft- und Fitneßtraining in den ersten Wochen dient der Gewöhnung an die Übungen und Geräte und wird als Kreis- bzw. Zirkeltraining organisiert. Nachdem die Wochenumfänge bis zur 3. Woche gesteigert wurden, sollen Sie sich in der 4. Woche erholen.

In den **Wochen 5 bis 8** werden die Umfänge weiter erhöht, ein Trainingstag kommt hinzu. Extensives und intensives Kraftausdauertraining auf dem Bike und ein Krafttraining im Geräteraum setzen den ersten starken Kraftreiz auf die Muskulatur. In der 7. und 8. Woche wird das Gerätetraining zugunsten eines intensiven Kraftausdauertrainings am Berg ausgesetzt. Die Unterbrechung des Gerätetrainings ist sinnvoll, um mit speziellen Einheiten die erworbene Kraft auf das Rad zu übertragen, und auch um keine Monotonie aufkommen zu lassen, was die Reizwirksamkeit des Krafttrainings herabsetzen würde. In der 8. Woche sollen Sie Ihre Hf_{max} mit Test 14 noch mal kontrollieren und gegebenenfalls die Trainingsintensitäten neu festlegen.

In der **9. bis 12. Woche** werden die Trainingseinheiten länger. Damit wollen wir vermehrt Ihren Fettstoffwechsel aktivieren und trainieren. Sie sitzen nun auch schon mal bis zu 5 Stunden auf dem Sattel. Das extensive Kraftausdauertraining wird beibehalten, und der zweite Block ‹Krafttraining an Geräten› hat begonnen.

Mit dem Zeitfahren über 5 Kilometer in der 12. Woche erhalten Sie eine Rückmeldung über den aktuellen Stand Ihrer Leistungsfähigkeit. Die ermittelten Herzfrequenz- und Lactatwerte sowie die Fahrzeit sind Eckwerte Ihrer Leistungsbeurteilung und sollten zum Vergleich herangezogen werden, um die beim folgenden Zeitfahren erbrachte Leistung zu beurteilen.

Im letzten Abschnitt, den **Wochen 13 bis 16**, kommen die allgemeinen Trainingsmittel (Laufen, Skilanglauf etc.) immer seltener vor. Die jetzt wichtigste Trainingseinheit ist das Fettstoffwechseltraining (vgl. S. 38) auf dem Straßenrad oder Mountain-

Wochenpläne: Allgemeine Vorbereitungsperiode der Hobbybiker (8–12 h pro Woche)

Woche	Montag	Dienstag	Mittwoch	Donnerstag	Freitag	Samstag	Sonntag	Umfang
1.		[18] ~30min REKOM-Lauf Hfmax: 65–70 % Lactat: <1,5 mmol/l (KT₁)		[2] ~1:30h extensive RF Hfmax: 70–75 % Lactat: <2,5 mmol/l		[17] ~1:30h Run & Bike Hfmax: ~90 % Lactat: <4 mmol/l Hfmax: ~70 %		4–5 h
2.		[18] ~30min REKOM-Lauf Hfmax: 65–70 % Lactat: <1,5 mmol/l (KT₁)	[2] ~1:30h extensive RF Hfmax: 70–75 % Lactat: <2,5 mmol/l		[1] ~1h REKOM RF Hfmax: 55–60 % Lactat: <1,5 mmol/l	[14] ~1h Hfmax Test	[4] ~2h extensives Fahrtspiel Hfmax: 70–75 % Lactat: <2,5 mmol/l	7–8 h
3.		[18] ~30min REKOM-Lauf Hfmax: 65–70 % Lactat: <1,5 mmol/l (KT₁)		[4] ~1:30h extensives Fahrtspiel Hfmax: 60–80 % Lactat: <3 mmol/l		[2] ~2h extensive RF Hfmax: 70–75 % Lactat: <2,5 mmol/l	[17] ~3h Run & Bike Hfmax: ~90 % Lactat: <4 mmol/l Hfmax: ~70 %	8–9 h
4.		[16a] ~30min Ergo/Rolle Dauertraining (KT₂)		[4] ~1:30h extensives Fahrtspiel Hfmax: 60–80 % Lactat: <3 mmol/l		[17] ~2h Run & Bike Hfmax: ~90 % Lactat: <4 mmol/l Hfmax: ~70 %		5–6 h
5.		[16a] ~30min Ergo/Rolle Dauertraining (KT₂)	[2] ~1:30h extensive RF Hfmax: 70–75 % Lactat: <2,5 mmol/l		[8] ~1:30h extensive KA-Radfahrt Hfmax: 70–80 % Lactat: <4 mmol/l	[17] ~2h Run & Bike Hfmax: ~90 % Lactat: <4 mmol/l Hfmax: ~70 %	[4] ~1h extensives Fahrtspiel Hfmax: 60–80 % Lactat: <3 mmol/l	8–9 h

Woche	Montag	Dienstag	Mittwoch	Donnerstag	Freitag	Samstag	Sonntag	Umfang
6.		[16a] ~30min Ergo/Rollen Dauertraining (KT₂)	[2] ~1:30h extensive RF Hfmax: 70–75 % Lactat: <2,5 mmol/l		[8] ~2h extensive KA-RF Hfmax: 70–80 % Lactat: <4 mmol/l	[4] ~2h extensives Fahrtspiel Hfmax: 60–80 % Lactat: <3 mmol/l	[21] ~2h In Line/Ski Hfmax: 70–80 % Lactat: 2–3 mmol/l	9–10 h
7.		[9a] ~1:30h 3 x 1 km KA am Berg Hfmax: 85–90 % Lactat: <7 mmol/l	[4] ~1:30h extensives Fahrtspiel Hfmax: 60–80 % Lactat: <3 mmol/l		[8] ~2h extensive KA-RF Hfmax: 70–80 % Lactat: <4 mmol/l	[2] ~3h extensive RF Hfmax: 70–75 % Lactat: <2,5 mmol/l	[21] ~2:30h In Line/Ski Hfmax: 70–80 % Lactat: 2–3 mmol/l	10–11 h
8.		[9a] ~1:45h 5 x 1 km KA am Berg Hfmax: 85–90 % Lactat: <7 mmol/l			[1] ~1h REKOM-RF Hfmax: 55–60 % Lactat: <1,5 mmol/l	[14] ~1h Hfmax Test	[4] ~2h extensives Fahrtspiel Hfmax: 60–80 % Lactat: <3 mmol/l	5–6 h
9.		[18] ~30min REKOM-Lauf Lactat: <1,5 mmol/l (KT₂)	[4] ~1:30h extensives Fahrtspiel Hfmax: 60–80 % Lactat: <3 mmol/l		[8] ~1:30h extensive KA-RF Hfmax: 70–80 % Lactat: <4 mmol/l	[21] ~1:30h In Line/SLL Hfmax: 70–80 % Lactat: 2–3 mmol/l	[3] ~4h Fettstoffwechsel RF Hfmax: 60–65 % Lactat: <1,5 mmol/l	9–10 h
10.		(KT₂) [16c] ~30min Ergo/Rolle Dreifach-Pyramide	[4] ~2h extensives Fahrtspiel Hfmax: 60–80 % Lactat: <3 mmol/l		[8] ~1:45h extensive KA-RF Hfmax: 70–80 % Lactat: <4 mmol/l	[3] ~3:30h Fettstoffwechsel RF Hfmax: 60–65 % Lactat: <1,5 mmol/l	[17] ~2h Run & Bike Hfmax: ~90 % Lactat: <4 mmol/l Hfmax: ~70 %	10–11 h

Woche	Montag	Dienstag	Mittwoch	Donnerstag	Freitag	Samstag	Sonntag	Umfang
11.		(KT₂) (16d) ~30 min Ergo/Rollen Einfach-Pyramide	[4] ~1:30h extensives Fahrtspiel Hfmax: 60–80 % Lactat: <3 mmol/l		(8) ~2h extensive KA-RF Hfmax: 70–80 % Lactat: <4 mmol/l	[17] ~2h Run & Bike Hfmax: ~90 % Lactat: <4 mmol/l Hfmax: ~70 %	[3] ~5h Fettstoffwechsel RF Hfmax: 60–65 % Lactat: <1,5 mmol/l	11–12 h
12.		[18] ~30 min REKOM-Lauf Hfmax: 65–70 % Lactat: <1,5 mmol/l (KT₃)	[4] ~2h extensives Fahrtspiel Hfmax: 60–80 % Lactat: <3 mmol/l		[11] ~1h REKOM-RF Hfmax: 55–60 % Lactat: <1,5 mmol/l	[13] 5 km auf Zeit		5–6 h
13.		(KT₃) (16b) ~30 min Ergo/Rollen Fahrtspiel	[2] ~1h extensive RF Hfmax: 70–75 % Lactat: <2 mmol/l		(8) ~2h extensive KA-RF Hfmax: 70–80 % Lactat: <4 mmol/l	[4] ~2h extensives Fahrtspiel Hfmax: 60–80 % Lactat: <3 mmol/l	[3] ~4h Fettstoffwechsel RF Hfmax: 60–65 % Lactat: <1,5 mmol/l	10–11 h
14.		(KT₃) (16d) ~30 min Ergo/Rollen Einfach-Pyramide	[2] ~1:30h extensive RF Hfmax: 70–75 % Lactat: <2,5 mmol/l		(8) ~2h extensive KA-RF Hfmax: 70–80 % Lactat: <4 mmol/l	[4] ~2h extensives Fahrtspiel Hfmax: 60–80 % Lactat: <3 mmol/l	[3] ~5h Fettstoffwechsel RF Hfmax: 60–65 % Lactat: <1,5 mmol/l	11–12 h
15.		(9a) ~1:45h 5 x 1 km KA am Berg Hfmax: 85–90 % Lactat: <7 mmol/l	[2] ~1:30h extensive RF Hfmax: 70–75 % Lactat: <2,5 mmol/l		(8) ~2:30h extensive KA-RF Hfmax: 70–80 % Lactat: <3 mmol/l	[4] ~2h extensives Fahrtspiel Hfmax: 60–80 % Lactat: <3 mmol/l	[3] ~5h Fettstoffwechsel RF Hfmax: 60–65 % Lactat: <1,5 mmol/l	12–13 h
16.		(10b) ~1:45h 4 x 0,5–1 km Bergfahren mit Laufen Vmax: ~95 %			[11] ~1h REKOM-RF Hfmax: 55–60 % Lactat: <1,5 mmol/l	[13] ~1h 5 km auf Zeit [2] ~1:30h extensive RF Hfmax: 65–70 % Lactat: <2 mmol/l	[24] ~30 min REKOM-Schwimmen	5–6 h

bike. Außerdem wiederholt sich das insgesamt stark beanspruchende Kraft- und Kraftausdauertraining auf dem Rad und an Geräten, wie Sie es schon aus den Wochen 5 bis 8 kennen. Den Abschluß der allgemeinen Vorbereitungsperiode bildet eine Wiederholung des 5-km-Zeitfahrens. Sie können nun anhand der Vergleichswerte aus dem ersten Test Ihre Leistung analysieren und vergleichen. Es ist zu erwarten, daß Sie die Teststrecke entweder schneller oder aber mit weniger Anstrengung zurücklegen, was sich in einer niedrigeren Herzfrequenz und niedrigeren Lactatwerten darstellen würde. Damit aber ein Vergleich zulässig ist, sollten am Testtag möglichst vergleichbare äußere Bedingungen vorliegen. Extreme Temperaturschwankungen, ungewöhnlich hohe Luftfeuchtigkeit oder unterschiedliche Bodenverhältnisse nehmen Einfluß auf das Testergebnis. Noch stärker wird die Leistung jedoch von Ihrer Tagesform beeinflußt.

Wintertraining der Amateure

An dieser Stelle werden wir auf die Unterschiede des Wintertrainings zwischen den Hobbybikern und Amateuren eingehen. Der Wettkampfkalender für Amateure ist sehr lang und dauert mittlerweile von März bis Oktober. Wenn Sie in den ersten Wettkämpfen bereits eine gute Form haben wollen, kann die allgemeine Vorbereitung meist nicht länger als 12 Wochen dauern. Diese relativ kurze Vorbereitungszeit kann sich jedoch nachteilig auf die Stabilität der Wettkampfleistung im Jahresverlauf auswirken. Wie Sie Ihre Leistungsfähigkeit in der langen Wettkampfperiode trotzdem stabil halten können, erklären wir Ihnen in den Wochenplänen der Wettkampfperiode.

Welchen Trainingsumfang Sie in der allgemeinen Vorbereitungsphase absolvieren möchten, hängt primär von der Ihnen zur Verfügung stehenden Zeit, Ihrer Leistungsfähigkeit und Ihren Zielen ab. Wir haben zwei alternative Winterpläne mit 12 bis 18 und 18 bis 24 Stunden pro Woche nach ähnlichen Gestaltungsprinzipien ausgearbeitet. Um eine Zyklisierung des Trainingsprogramms zu sichern, wird die 12wöchige Vorbereitungszeit in drei Vierwochenblöcke eingeteilt. Die Belastungsumfänge steigen in dieser Phase stetig an, wobei alle drei Wochen eine Entlastungswoche mit reduzierten Trainingsumfängen zur Erholung dazwischengeschaltet ist. In den ersten Wochen sollen Sie sich nach der erholsamen Übergangsperiode wieder an die regelmäßigen Trainingsbelastungen gewöhnen. Es kommen allgemeine Trainingsmittel wie In-Line Skating, Skilanglauf, Dauerläufe und das Krafttraining an Geräten zur Anwendung. Das Krafttraining wurde auf zwei aufeinanderfolgende Tage gelegt (Dienstag/Mittwoch), um die Reizwirksamkeit zu erhöhen und um das aerobe Ausdauertraining am Wochenende nicht negativ zu beeinflussen.

Das Haupttrainingsziel des Wintertrainings ist die Entwicklung eines hohen Grundlagen- und Kraftausdauerniveaus. Dazu stehen Ihnen die GA 1- und KA 1-Trainingseinheiten zur Verfügung. In der 2. und 8. Woche können Sie mit einem Feldstufentest (Programm 15) sehr differenziert Ihre aktuelle Leistungsfähigkeit im Mountainbiking beurteilen und die Trainingsintensitäten sehr genau bestimmen (s. S. 18). Sie können aber auch die Trainingsbereiche über den Hf_{max}-Test (Programm 14) ermitteln. Unabhängig davon, nach welchem Test Sie Ihre Trainingsintensitäten fest-

Wochentrainingspläne: Allgemeine Vorbereitungsperiode der Amateure (12–18 h pro Woche)

Woche	Montag	Dienstag	Mittwoch	Donnerstag	Freitag	Samstag	Sonntag	Umfang
1.		[18] ~30min REKOM-Lauf Hfmax: 65–70 % Lactat: <1,5 mmol/l (KT₁)	[2] ~1h extensive RF Hfmax: 70–75 % Lactat: <2,5 mmol/l		[19] ~1h extensiver DL Hfmax: 75–80 % Lactat: 1,5–2,5 mmol/l	[17] ~2h Run & Bike Hfmax: ~90 % Lactat: <4mmol/l Hfmax: ~70 %	[4] ~2h extensives Fahrtspiel Hfmax: 60–80 % Lactat: <3 mmol/l	6–8 h
2.		[18] ~30min REKOM-Lauf Hfmax: 65–70 % Lactat: <1,5 mmol/l (KT₁)	[21] ~2h In-Line-Skaten/SLL Hfmax: 70–80 % Lactat: 2–3 mmol/l		(KT) [24] ~30min REKOM-Schwimmen	[17] ~3h Run & Bike Hfmax: ~90 % Lactat: <4mmol/l Hfmax: ~70 %	[2] ~3h extensive RF Hfmax: 65–70 % Lactat: <2 mmol/l	11–13 h
3.	[4] ~2:30h extensives Fahrtspiel Hfmax: 60–80 % Lactat: <3 mmol/l	[18] ~30min REKOM-Lauf Hfmax: 65–70 % Lactat: <1,5 mmol/l (KT₁)	(KT) [20] ~30min Aqua-Joggen		[1] ~1h REKOM-RF Hfmax: 55–60 % Lactat: <1,5 mmol/l	[15] ~1:30h Feldstufentest [1] ~1:30h REKOM-RF Hfmax: 55–60 % Lactat: <1,5 mmol/l	[3] ~4h Fettstoffwechsel RF Hfmax: 60–65 % Lactat: <1,5 mmol/l	13–15 h
4.		[19] ~30min extensiver DL Hfmax: 75–80 % Lactat: 1,5–2,5 mmol/l (KT₂)	[16a] ~30min Ergo/Rollen Dauertraining (KT₃)		[21] ~2:30h In-Line-Skaten/SLL Hfmax: 70–80 % Lactat: 2–3 mmol/l	[17] ~2:30h Run & Bike Hfmax: ~90 % Lactat: <4mmol/l Hfmax: ~70 %	[24] ~30min REKOM	8–10 h

Woche	Montag	Dienstag	Mittwoch	Donnerstag	Freitag	Samstag	Sonntag	Umfang
5.		[19] ~40min extensiver DL, Hfmax: 75–80%, Lactat: 1,5–2,5 mmol/l (KT₂)	(KT₃) [16c] ~30min Ergo/Rollen Dreifach-pyramide		[8] ~2h extensive KA-RF, Hfmax: 70–80%, Lactat: <4 mmol/l	[17] ~3h Run & Bike Hfmax: ~90%, Lactat: <4 mmol/l, Hfmax: ~70%	[2] ~4h extensive RF, Hfmax: 65–70%, Lactat: <2 mmol/l	11–13 h
6.	[1] ~1h REKOM-RF, Hfmax: 55–60%, Lactat: <1,5 mmol/l	[19] ~45min extensiver DL, Hfmax: 75–80%, Lactat: 1,5–2,5 mmol/l (KT₂)	(KT₃) [16b] ~30min Ergo/Rollen Fahrtspiel		[8] ~2:30h extensive KA-RF, Hfmax: 70–80%, Lactat: <3 mmol/l	[21] ~3h In-Line-Skaten/SLL, Hfmax: 70–80%, Lactat: 2–3 mmol/l	[3] ~5h Fettstoff-wechsel RF, Hfmax: 60–65%, Lactat: <1,5 mmol/l	13–15 h
7.	[19] ~45min extensiver DL, Hfmax: 75–80%, Lactat: 1,5–2,5 mmol/l	[9a] ~2h 6 x 1 km intensives KA am Berg, Hfmax: 85–90%, Lactat: <7 mmol/l; [24] ~30min REKOM-Schwimmen	[4] ~2h extensives Fahrtspiel, Hfmax: 60–80%, Lactat: <3 mmol/l		[8] ~2:30h extensive KA-RF, Hfmax: 70–80%, Lactat: <3 mmol/l	[21] ~3h In-Line-Skaten/SLL, Hfmax: 70–80%, Lactat: 2–3 mmol/l	[3] ~5h Fettstoff-wechsel RF, Hfmax: 60–65%, Lactat: <1,5 mmol/l	15–17 h
8.		[9b] ~2:30h 6 x 2 km intensives KA am Berg, Hfmax: 85–90%, Lactat: <6 mmol/l; [25] ~30min Aqua Joggen	[4] ~2h extensives Fahrtspiel, Hfmax: 60–80%, Lactat: <3 mmol/l		[1] ~1h REKOM-RF, Hfmax: 55–60%, Lactat: <1,5 mmol/l	[15] ~1:30h Feldstufen-test	[21] ~3h In-Line-Skaten/SLL, Hfmax: 70–80%, Lactat: 2–3 mmol/l	8–10 h

Woche	Montag	Dienstag	Mittwoch	Donnerstag	Freitag	Samstag	Sonntag	Umfang
9.	4 ~2h extensives Fahrtspiel Hfmax: 60–80% Lactat: <3 mmol/l	19 ~30min extensiver DL Hfmax: 75–80% Lactat: 1,5–2,5 mmol/l KT₃	KT₃ 16b ~30min Ergo/Rollen Fahrtspiel		8 ~2:30h extensive KA-RF Hfmax: 70–80% Lactat: <3 mmol/l	21 ~2h In-Line-Skaten/SLL Hfmax: 70–80% Lactat: 2–3 mmol/l	2 ~4h extensive RF Hfmax: 65–70% Lactat: <2 mmol/l	12–14 h
10.	4 ~2h extensives Fahrtspiel Hfmax: 60–80% Lactat: <3 mmol/l	19 ~45min extensiver DL Hfmax: 75–80% Lactat: 1,5–2,5 mmol/l KT₃	KT₃ 16c ~30min Ergo/Rollen Dreifachpyramide		8 ~2:30h extensive KA-RF Hfmax: 70–80% Lactat: <3 mmol/l	17 ~3h Run & Bike Hfmax: ~90% Lactat: <4 mmol/l Hfmax: ~70%	3 ~5h Fettstoffwechsel RF Hfmax: 60–65% Lactat: <1,5 mmol/l	14–16 h
11.	4 ~2h extensives Fahrtspiel Hfmax: 60–80% Lactat: <3 mmol/l	19 ~45min extensiver DL Hfmax: 75–80% Lactat: 1,5–2,5 mmol/l KT₃	KT₃ 16d ~30min Ergo/Rollen Einfachpyramide		8 ~3h extensive KA-RF Hfmax: 70–80% Lactat: <3 mmol/l	17 ~3h Run & Bike Hfmax: ~90% Lactat: <4 mmol/l Hfmax: ~70%	3 ~6h Fettstoffwechsel RF Hfmax: 60–65% Lactat: <1,5 mmol/l	16–18 h
12.		18 ~30min REKOM-Lauf Hfmax: 65–70% Lactat: <1,5 mmol/l KT₃	16a ~30min Ergo/Rollen Dauertraining KT₃		1 ~1h REKOM-RF Hfmax: 55–60% Lactat: <1,5 mmol/l	3b ~1:30h 10km auf Zeit	4 ~3:30h extensives Fahrtspiel Hfmax: 60–80% Lactat: <3 mmol/l	8–10 h

Wochentrainingspläne: Allgemeine Vorbereitungsperiode der Amateure (18–24 h pro Woche)

Woche	Montag	Dienstag	Mittwoch	Donnerstag	Freitag	Samstag	Sonntag	Umfang
1.		[18] ~30min REKOM-Lauf, Hfmax: 65–70%, Lactat: <1,5 mmol/l (KT₁)	[2] ~2h extensive RF, Hfmax: 70–75%, Lactat: <2,5 mmol/l		[19] ~1h extensiver DL, Hfmax: 75–80%, Lactat: 1,5–2,5 mmol/l	[17] ~2h Run & Bike Hfmax: <90%, Lactat: <4 mmol/l, Hfmax: ~70%	[4] ~2:30h extensives Fahrtspiel, Hfmax: 60–80%, Lactat: <3 mmol/l	8–10 h
2.	[4] ~2h extensives Fahrtspiel, Hfmax: 60–80%, Lactat: <3 mmol/l	[18] ~30min REKOM-Lauf, Hfmax: 65–70%, Lactat: <1,5 mmol/l (KT₁)	[2] ~2h extensive RF, Hfmax: 70–75%, Lactat: <2,5 mmol/l		[21] ~2h In-Line-Skaten/Ski, Hfmax: 70–80%, Lactat: 2–3 mmol/l (KT₁)	[17] ~3h Run & Bike, Hfmax: <90%, Lactat: <4 mmol/l, Hfmax: ~70%	[3] ~4h Fettstoffwechsel RF, Hfmax: 60–65%, Lactat: <1,5 mmol/l	14–17 h
3.	[4] ~3h extensives Fahrtspiel, Hfmax: 60–80%, Lactat: <3 mmol/l	[19] ~45min extensiver DL, Hfmax: 75–80%, Lactat: 1,5–2,5 mmol/l (KT₂)	[2] ~2h extensive RF, Hfmax: 70–75%, Lactat: <2,5 mmol/l		[1] ~1:30h REKOM-RF, Hfmax: 55–60%, Lactat: <1,5 mmol/l (KT₂)	[15] ~1:30h Feldstufentest; [2] ~2:30h extensive RF, Hfmax: 65–70%, Lactat: <2 mmol/l	[3] ~5h Fettstoffwechsel RF, Hfmax: 60–65%, Lactat: <1,5 mmol/l	17–20 h

Woche	Montag	Dienstag	Mittwoch	Donnerstag	Freitag	Samstag	Sonntag	Umfang
4.		[16a] ~40 min Ergo/Rollen Dauertraining (KT₂)	(KT₃) [16b] ~30 min Ergo/Rollen Fahrtspiel		[21] ~3 h In-Line-Skaten/SLL Hfmax: 70–80 % Lactat: 2–3 mmol/l	[17] ~3 h Run & Bike Hfmax: <90 % Lactat: <4 mmol/l Hfmax: ~70 %	[2] ~4 h extensive RF Hfmax: 65–70 % Lactat: <2 mmol/l	12–15 h
5.	[4] ~2 h extensives Fahrtspiel Hfmax: 60–80 % Lactat: <3 mmol/l	[16a] ~1 h Ergo/Rollen Dauertraining (KT₂)	(KT₃) [16c] ~30 min Ergo/Rollen Dreifach-pyramide		[8] ~2 h extensive KA-RF Hfmax: 70–80 % Lactat: <4 mmol/l	[17] ~3 h Run & Bike Hfmax: <90 % Lactat: <4 mmol/l Hfmax: ~70 %	[3] ~5 h Fettstoff-wechsel RF Hfmax: 60–65 % Lactat: <1,5 mmol/l	14–17 h
6.	[4] ~2 h extensives Fahrtspiel Hfmax: 60–80 % Lactat: <3 mmol/l	[16a] ~1 h Ergo/Rollen Dauertraining (KT₂)	(KT₃) [16d] ~30 min Ergo/Rollen Einfach-pyramide	[2] ~1:30 h extensive RF Hfmax: 70–75 % Lactat: <2,5 mmol/l	[8] ~2:30 h extensive KA-RF Hfmax: 70–80 % Lactat: <3 mmol/l	[21] ~3 h In-Line-Skaten/SLL Hfmax: 70–80 % Lactat: 2–3 mmol/l	[3] ~6 h Fettstoff-wechsel RF Hfmax: 60–65 % Lactat: <1,5 mmol/l	17–20 h

Woche	Montag	Dienstag	Mittwoch	Donnerstag	Freitag	Samstag	Sonntag	Umfang
7.	[4] ~3h extensives Fahrtspiel Hfmax: 60–80% Lactat: <3 mmol/l	[9a] ~2:45h 8×1 km intensives KA am Berg Hfmax: 85–90% Lactat: <7 mmol/l [24] ~30 min REKOM-Schwimmen	[18] ~45 min REKOM-Lauf Hfmax: 65–70% Lactat: <1,5 mmol/l [2] ~1:30h extensive RF Hfmax: 70–75% Lactat: <2,5 mmol/l	[4] ~2h extensives Fahrtspiel Hfmax: 60–80% Lactat: <3 mmol/l	[8] ~3h extensive KA-RF Hfmax: 70–80% Lactat: <3 mmol/l	[21] ~3h In-Line-Skaten/SLL Hfmax: 70–80% Lactat: 2–3 mmol/l	[3] ~6h Fettstoff-wechsel RF Hfmax: 60–65% Lactat: <1,5 mmol/l	20–23 h
8.		[9b] ~2:30h 6×2 km intensives KA am Berg Hfmax: 85–90% Lactat: <6 mmol/l [24] ~30 min REKOM-Schwimmen	[4] ~2:30h extensive Fahrtspiel Hfmax: 60–80% Lactat: <3 mmol/l		[1] ~1:30h REKOM-RF Hfmax: 55–60% Lactat: <1,5 mmol/l	[15] ~1:30h Feldstufen-test [1] ~1:30h REKOM-RF Hfmax: 55–60% Lactat: <1,5 mmol/l	[21] ~4h In-Line-Skaten/SLL Hfmax: 70–80% Lactat: 2–3 mmol/l	12–15 h
9.		[19] ~30 min extensiver DL Hfmax: 75–80%^ Lactat: 1,5–2,5 mmol/l (KT7)	(KT4) [16c] ~30 min Ergo/Rollen Dreifach-pyramide	[4] ~1:30h extensives Fahrtspiel Hfmax: 60–80% Lactat: <3 mmol/l	[8] ~2:30h extensive KA-RF Hfmax: 70–80% Lactat: <3 mmol/l	[21] ~3h In-Line-Skaten/SLL Hfmax: 70–80% Lactat: 2–3 mmol/l	[3] ~6h Fettstoff-wechsel RF Hfmax: 60–65% Lactat: <1,5 mmol/l	15–18 h

Woche	Montag	Dienstag	Mittwoch	Donnerstag	Freitag	Samstag	Sonntag	Umfang
10.	[4] ~2h extensives Fahrtspiel Hfmax: 60–80% Lactat: <3mmol/l	[19] ~45min extensiver DL Hfmax: 75–80% Lactat: 1,5–2,5mmol/l (KT₂)	(KT₄) [16d] ~30min Ergo/Rollen Einfach-pyramide	[2] ~2h extensive RF Hfmax: 70–75% Lactat: <2,5mmol/l	[8] ~3h extensive KA-RF Hfmax: 70–80% Lactat: <3mmol/l	[17] ~3h Run&Bike Hfmax: <90% Lactat: <4mmol/l Hfmax: ~70%	[3] ~7h Fettstoff-wechsel RF Hfmax: 60–65% Lactat: <1,5mmol/l	18–21h
11.	[4] ~3h extensives Fahrtspiel Hfmax: 60–80% Lactat: <3mmol/l	[19] ~45min extensiver DL Hfmax: 75–80% Lactat: 1,5–2,5mmol/l (KT₂)	(KT₄) [16b] ~30min Ergo/Rollen Fahrtspiel	[2] ~2:30h extensive RF Hfmax: 65–70% Lactat: <2mmol/l	[8] ~3h extensive KA-RF Hfmax: 70–80% Lactat: <3mmol/l	[17] ~3h Run&Bike Hfmax: <90% Lactat: <4mmol/l Hfmax: ~70%	[3] ~8h Fettstoff-wechsel RF Hfmax: 60–65% Lactat: <1,5mmol/l	21–24h
12.	[2] ~2h extensive RF Hfmax: 70–75% Lactat: <2,5mmol/l	[18] ~30min REKOM-Lauf Hfmax: 65–70% Lactat: <1,5mmol/l (KT₂)	(KT₄) [16b] ~30min Ergo/Rollen Fahrtspiel		[1] ~1:30h REKOM-RF Hfmax: 55–60% Lactat: <1,5mmol/l	[13] ~2h 20km auf Zeit [1] ~1h REKOM-RF Hfmax: 55–60% Lactat: <1,5mmol/l	[2] ~4h extensive RF Hfmax: 65–70% Lactat: <2mmol/l	12–15h

Skilanglauf-Aktivurlaub

Woche	Montag	Dienstag	Mittwoch	Donnerstag	Freitag	Samstag	Sonntag	Umfang
1.	[21] ~2h SLL Hfmax: 70–80 % Lactat: 2–3 mmol/l	[21] ~2h SLL Hfmax: 70–80 % Lactat: 2–3 mmol/l [21] ~3h SLL Hfmax: 70–80 % Lactat: 2–3 mmol/l	[22] ~4h Fettstoff-wechsel SLL Hfmax: 65–75 % Lactat: <2 mmol/l	[21] ~2h SLL Hfmax: 70–80 % Lactat: 2–3 mmol/l [18] ~45 min REKOM-Lauf Hfmax: 65–70 % Lactat: <1,5 mmol/l	[21] ~3h SLL Hfmax: 70–80 % Lactat: 2–3 mmol/l [24] ~30 min REKOM-Schwimmen	[23] ~2h SLL Fahrtspiel Hfmax: 75–90 % Lactat: <6 mmol/l	[22] ~6h Fettstoff-wechsel SLL Hfmax: 65–75 % Lactat: <2 mmol/l	~28 h
2.	[22] ~6h Fettstoff-wechsel SLL Hfmax: 65–75 % Lactat: 2–3 mmol/l	[21] ~3h SLL Hfmax: 70–80 % Lactat: 2–3 mmol/l [18] ~45 min REKOM-Lauf Hfmax: 65–70 % Lactat: <1,5 mmol/l	[21] ~3h SLL Hfmax: 70–80 % Lactat: 2–3 mmol/l [24] ~30 min REKOM-Schwimmen	[23] ~2h SLL Fahrtspiel Hfmax: 75–90 % Lactat: <6 mmol/l [21] ~3h SLL Hfmax: 70–80 % Lactat: 2–3 mmol/l	[22] ~6h Fettstoff-wechsel SLL Hfmax: 65–75 % Lactat: <2 mmol/l	[22] ~8h Fettstoff-wechsel SLL Hfmax: 65–75 % Lactat: <2 mmol/l	[21] ~4h SLL Hfmax: 70–80 % Lactat: 2–3 mmol/l	~36 h

legen, empfehlen wir Ihnen, zur besseren Übersicht die entsprechenden persönlichen Herzfrequenzwerte in die dafür vorgesehene Leerzeile der Trainingsprogramme einzutragen. Mit dem 10-km-Zeitfahren am Ende des Wintertrainings können Sie Ihren aktuellen Leistungsstand unter wettkampfähnlichen Bedingungen kontrollieren. Messen Sie Fahrzeit, Herzfrequenz und Lactatkonzentration. Im umfangreicheren Plan (18–24 h pro Woche) wird ein Trainingsprogramm für die Gestaltung eines Skilanglauf-Aktivurlaubs dargestellt. Durch den gelenkschonenden Bewegungsablauf beim Skilanglauf sind besonders leicht und wirkungsvoll hohe Belastungsumfänge zu realisieren, die weit über denen liegen können, die zu diesem Zeitpunkt der Vorbereitung auf dem Rad zu realisieren wären. Außerdem stellen der Klimawechsel und die neue Umgebung eine willkommene Abwechslung des Trainingsalltages dar. Auch wenn Sie den Plan mit den niedrigeren Umfängen gewählt haben, spricht nichts dagegen, daß Sie ein Skilanglauf-Trainingslager über einen Zeitraum von 8 bis 14 Tagen durchführen. Den Trainingsumfang können Sie natürlich Ihren Bedürfnissen entsprechend reduzieren.

Frühjahrstraining (spezielle Vorbereitungsperiode)

Hobbybiker

Der Schwerpunkt des Frühjahrstrainings liegt auf der Weiterentwicklung des Grundlagenausdauerniveaus sowie der Schaffung spezieller Voraussetzungen für die Wettkampfsaison. In den sechs Wochen der speziellen Vorbereitungsperiode kommen deshalb Trainingseinheiten neu hinzu, die im sogenannten Entwicklungsbereich (EB) liegen. Sie erhöhen also die Gesamtbeanspruchung Ihres Trainings durch intensivere Trainingseinheiten, sichern aber weiterhin Ihre erworbene aerobe Grundlagenausdauer durch Trainingseinheiten im GA-1-Bereich und durch lange und lockere Fahrten im Fettstoffwechselbereich ab. In der **ersten Woche** empfehlen wir Ihnen mit dem Test zur Bestimmung der maximalen Herzfrequenz die nochmalige Kontrolle der Hf_{max}, damit Sie die Intensitäten Ihres Trainings auch weiterhin so exakt steuern können wie bisher. Die Periode des Frühjahrstrainings sollten Sie mit einem Test beschließen. Da die ersten Wettkämpfe, auf denen Sie den Lohn für Ihre fleißige Trainingsarbeit ernten wollen, immer näher rücken, schlagen wir vor, daß Sie diesmal anstelle des 5- einen 10-km-Test durchführen. Wenn Sie in der Lage sind, vergleichbare Ergebnisse nun auch über die längere Teststrecke zu vollbringen, sind Sie auf die folgende Wettkampfperiode bestens vorbereitet.

Wochenpläne: Spezielle Vorbereitungsperiode der Hobbybiker (8–12 h pro Woche)

Woche	Montag	Dienstag	Mittwoch	Donnerstag	Freitag	Samstag	Sonntag	Umfang
1.		[9a] ~1:45h 4x1km intensives KA am Berg Hfmax: 85–90% Lactat: 4–7 mmol/l	[4] ~2h extensives Fahrtspiel Hfmax: 60–80% Lactat: <3 mmol/l		[1] ~1:30h REKOM-RF Hfmax: 55–60% Lactat: <15 mmol/l	[15] ~1h Hfmax-Test	[3] ~4h Fettstoffwechsel RF Hfmax: 60–65% Lactat: <1,5 mmol/l	10–11 h
2.		[8] ~1:30h extensive KA-RF Hfmax: 70–80% Lactat: <4 mmol/l [25] ~30min Aqua Joggen	[4] ~2h extensives Fahrtspiel Hfmax: 60–80% Lactat: <3 mmol/l		[2] ~2h extensive RF Hfmax: 70–75% Lactat: <2,5 mmol/l	[6a] ~2h intensives Fahrtsp. Hfmax: 60–90% Lactat: <6 mmol/l	[3] ~4h Fettstoffwechsel RF Hfmax: 60–65% Lactat: <1,5 mmol/l	11–12 h
3.		[18] ~30min REKOM-Lauf Hfmax: 65–70% Lactat: <1,5 mmol/l [KT3]	[5] ~1:15h intensive Radfahrt Hfmax: 80–85% Lactat: 3–6 mmol/l		[8] ~2h extensive KA-RF Hfmax: 70–80% Lactat: <4 mmol/l	[4] ~1:30h extensive Fahrtspiel Hfmax: 60–80% Lactat: <3 mmol/l	[2] ~2:30h extensive RF Hfmax: 65–70% Lactat: <2 mmol/l	8–9 h
4.		[19] ~45min extensiver DL Hfmax: 75–80% Lactat: 1,5–2,5 mmol/l [KT3]	[7a] ~1:45h 4x500m Tretfrequenz-Training Hfmax: <90% Tretfr.: >120 U/min		[10b] ~2h 4x0,5–1km Bergfahren mit Laufen Vmax: ~95%	[4] ~2h extensives Fahrtspiel Hfmax: 60–80% Lactat: <3 mmol/l	[3] ~3:30h Fettstoffwechsel RF Hfmax: 60–65% Lactat: <1,5 mmol/l	10–11 h
5.		[19] ~45min extensiver DL Hfmax: 75–80% Lactat: 1,5–2,5 mmol/l [KT3]	[7a] ~2h 6x500m Tretfrequenz-Training Hfmax: <90% Tretfr.: >120 U/min		[9b] 2h 5x2km intensives KA Hfmax: 85–90% Lactat: <6 mmol/l	[4] ~2h extensives Fahrtspiel Hfmax: 60–80% Lactat: <3 mmol/l	[3] ~4h Fettstoffwechsel RF Hfmax: 60–65% Lactat: <1,5 mmol/l	11–12 h
6.		[10a] ~2h 4x50–100m Bergfahren mit Laufen Vmax: ~95% [24] ~30min REKOM-Schwimmen	[2] ~2h extensive RF Hfmax: 70–75% Lactat: <2,5 mmol/l		[1] ~1h REKOM-RF Hfmax: 55–60% Lactat: <1,5 mmol/l	[13] ~1:30h 10km auf Zeit	[3] ~5h Fettstoffwechsel RF Hfmax: 60–65% Lactat: <1,5 mmol/l	12–13 h

Amateure

Im Vergleich zu den Hobbybikern setzen Sie einen besonderen Reiz zur Entwicklung Ihrer Kraftfähigkeiten durch das Supersatztraining an Geräten. Eine erneute Bestimmung Ihrer maximalen Herzfrequenz bzw. Ihrer individuellen aerob-anaeroben Schwelle ist nötig, damit sich die zu erwartenden Veränderungen nach dem Training in der allgemeinen Vorbereitungsperiode auch in veränderten Trainingsintensitäten für die spezielle Vorbereitung niederschlagen können. Das Zeitfahren am Ende des Frühjahrstrainings zeigt auf, wie fit Sie in die Wettkampfsaison gehen.

Radtrainingslager

Wenn Sie es einrichten können, sollten Sie ein Radtrainingslager im Frühjahr einplanen. Suchen Sie sich einen Trainingsort, der optimale Bedingungen zum Trainieren und Regenerieren bietet, d. h. trockenes, aber nicht zu heißes Klima, Trainingsbetreuung, leistungsdifferenziertes Gruppentraining, medizinischen und technischen Service etc. Bei kürzeren Trainingscamps sollten Sie möglichst in der mitteleuropäischen Zeitzone bleiben, um keine Umstellungsprobleme zu provozieren. Eine Zeitverschiebung von mehreren Stunden erfordert eine mehrtägige Umstellungsphase, so daß die ersten Tage nur regenerativen Charakter haben können. Das effektive Training schrumpft auf wenige Tage zusammen, und nach der Rückkehr stellt das Wiedereinfinden in den Alltag – inklusive Jetlag – eine weitere Belastung dar, die die Regenerationsphase erheblich stören kann.

Damit Sie ein Trainingslager zur Leistungsentwicklung voll nutzen können, müssen Sie gut vorbereitet starten. Um täglich mehrere Stunden auf dem Rad sitzen zu können, sollten Sie zu Hause in den letzten acht Wochen vor dem Trainingslager mindestens 1000 Radkilometer gefahren sein. Die hohe Umfangssteigerung in einem Radtrainingslager ist sehr belastend für Knochen, Sehnen, Muskeln und Bänder. Deshalb empfehlen wir Ihnen, die Kräftigungs- und Dehnübungen besonders gewissenhaft in die Vorbereitung zu integrieren, damit das Trainingslager auch zu einem Vergnügen wird und nicht gesundheitliche Probleme das Gelingen in Frage stellen.

In einem Trainingslager kann es aufgrund des neuen Trainingsterrains, der guten äußeren Bedingungen und des motivierenden Gruppentrainings leicht zu einer «Trainingseuphorie» mit der Folge kommen, daß die Selbsteinschätzung der eigenen Leistungsfähigkeit und das Gefühl für Geschwindigkeit und Beanspruchung stark beeinträchtigt werden. Überbeanspruchungen werden meist nicht wahrgenommen. Deshalb ist es wichtig, daß Sie Ihre Belastungsintensität mit Lactat- und Herzfrequenzmessungen kontrollieren und Ihre persönlichen Trainingsbereiche einhalten. Genügend Schlaf (8–10 Std.), eine bedarfsgerechte Ernährung und Regenerationsmaßnahmen sind erforderlich, um die Erholungsprozesse zu beschleunigen. Fühlen Sie sich trotz dieser Maßnahmen müde, dann sollten Sie einen oder mehrere Tage pausieren und ein lockeres Kompensationstraining durchführen. Ignorieren Sie die starke Ermüdung, kann sich ein Übertrainingszustand über mehrere Wochen manifestieren. Ein Mißerfolg für die Saison ist vorprogrammiert.

Beachten Sie, daß ein Trainingslager über mehrere Wochen Ihre Abwehrkräfte her-

Wochentrainingspläne: Spezielle Vorbereitungsperiode der Amateure (12–18 h pro Woche)

Woche	Montag	Dienstag	Mittwoch	Donnerstag	Freitag	Samstag	Sonntag	Umfang
1.		9b) ~2:30h 6×2 km intensives KA am Berg Hfmax: 85–90 % Lactat: <6mmol/l	4 ~3h extensives Fahrtspiel Hfmax: 60–80 % Lactat: <3mmol/l 24 ~30min REKOM-Schwimmen		8 ~2:30h extensive KA-RF Hfmax: 70–80 % Lactat: <3mmol/l	5 ~1:30h intensive RF Hfmax: 80–85 % Lactat: 3–6mmol/l	3 ~4h Fettstoffwechsel RF Hfmax: 60–65 % Lactat: <1,5mmol/l	14–16 h
2.	19 ~1h extensiver DL Hfmax: 75–80 % Lactat: 1,5–2,5mmol/l	9c) ~2:30h 4×3 km intensives KA am Berg Hfmax: 85–90 % Lactat: <5mmol/l	4 ~3h extensives Fahrtspiel Hfmax: 60–80 % Lactat: <3mmol/l 24 ~30min REKOM-Schwimmen		1 ~1:30 REKOM-RF Hfmax: 55–60 % Lactat: <1,5mmol/l	15 ~1:30h Feldstufentest 1 ~1h REKOM-RF Hfmax: 55–60 % Lactat: <1,5mmol/l	3 ~6h Fettstoffwechsel RF Hfmax: 60–65 % Lactat: <1,5mmol/l	16–18 h
3.	(KT4) 16 ~30min Ergo/Rollen Fahrtspiel		6a ~2h intensives Fahrtspiel Hfmax: 60–90 % Lactat: <6mmol/l 25 ~30min Aqua Joggen		8 ~2h extensive KA-RF Hfmax: 70–80 % Lactat: <4mmol/l	4 ~3h extensives Fahrtspiel Hfmax: 60–80 % Lactat: <3mmol/l	2 ~3h extensive RF Hfmax: 65–70 % Lactat: <2mmol/l	10–12 h

Woche	Montag	Dienstag	Mittwoch	Donnerstag	Freitag	Samstag	Sonntag	Umfang
4.		[19] ~45 min extensiver DL — Hfmax: 75–80 % — Lactat: 1,5–2,5 mmol/l — (KT4)	[7b] ~2h Trettfrequenz-Training — Hfmax: <90 % — Trettfr.: >120 U/min		[9b] ~2:30h 6×2 km intensives KA am Berg — Hfmax: 85–90 % — Lactat: <6 mmol/l	[4] ~4h extensives Fahrtspiel — Hfmax: 60–80 % — Lactat: <3 mmol/l	[3] ~5h Fettstoff-wechsel RF — Hfmax: 60–65 % — Lactat: <1,5 mmol/l	14–16 h
5.	[2] ~2h extensive RF — Hfmax: 70–75 % — Lactat: <2,5 mmol/l	[19] ~30 min extensiver DL — Hfmax: 75–80 % — Lactat: 1,5–2,5 mmol/l — (KT4)	[7c] ~2:15h 6×2 km Trettfrequenz-Training — Hfmax: <90 % — Trettfr.: >120 U/min		[10b] ~2:30h 8×0,5–1 km Bergfahren mit Laufen — Vmax: 95 %	[4] ~4h extensives Fahrtspiel — Hfmax: 60–80 % — Lactat: <3 mmol/l	[3] ~5h Fettstoff-wechsel RF — Hfmax: 60–65 % — Lactat: <1,5 mmol/l	16–18 h
6.	[5] ~2h intensive RF — Hfmax: 80–85 % — Lactat: 3–6 mmol/l	[10a] ~2h 10×50–100 m Bergfahren mit Laufen — Vmax: 95 %	[4] ~4h extensives Fahrtspiel — Hfmax: 60–80 % — Lactat: <3 mmol/l		[1] ~1:30h REKOM-RF — Hfmax: 55–60 % — Lactat: <1,5 mmol/l	[13] ~1:30h 10 km auf Zeit; [2] ~2h extensive RF — Hfmax: 70–75 % — Lactat: <2,5 mmol/l	[3] ~6h Fettstoff-wechsel RF — Hfmax: 60–65 % — Lactat: <1,5 mmol/l	18–20 h

Rad-Trainingslager

Woche	Montag	Dienstag	Mittwoch	Donnerstag	Freitag	Samstag	Sonntag	Umfang
1.	[2] ~2h extensive RF Hfmax: 70–75 % Lactat: <2,5 mmol/l	[4] ~2h extensives Fahrtspiel Hfmax: 60–80 % Lactat: <3 mmol/l [2] ~2:30h extensive RF Hfmax: 65–70 % Lactat: <2 mmol/l	[18] ~40min REKOM-Lauf Hfmax: 65–70 % Lactat: <1,5 mmol/l [3] ~4h Fettstoffwechsel RF Hfmax: 60–65 % Lactat: <1,5 mmol/l	[1] ~1:30h REKOM-RF Hfmax: 55–60 % Lactat: <1,5 mmol/l [24] ~30min REKOM-Schwimmen	[8] ~2h extensive KA-RF Hfmax: 70–80 % Lactat: <4 mmol/l [4] ~2:30h extensives Fahrtspiel Hfmax: 60–80 % Lactat: <3 mmol/l	[3] ~4h Fettstoffwechsel RF Hfmax: 60–65 % Lactat: <1,5 mmol/l	[3] ~6h Fettstoffwechsel RF Hfmax: 60–65 % Lactat: <1,5 mmol/l	~28 h
2.	[18] ~40min REKOM-Lauf Hfmax: 65–70 % Lactat: <1,5 mmol/l [1] ~1:30h REKOM-RF Hfmax: 55–60 % Lactat: <1,5 mmol/l	[9c] ~2:15h 3x3km intensives KA am Berg Hfmax: 85–90 % Lactat: <5 mmol/l [2] ~3h extensive RF Hfmax: 65–70 % Lactat: <2 mmol/l	[7b] ~2h 6x1km Tretfrequenz-Training Hfmax: <90 % Tretfr.: >120 U/min [2] ~3h extensive RF Hfmax: 65–70 % Lactat: <2 mmol/l	[1] ~1:30h REKOM-RF Hfmax: 55–60 % Lactat: <1,5 mmol/l [24] ~30min REKOM-Schwimmen	[8] ~3h extensive KA-RF Hfmax: 70–80 % Lactat: <3 mmol/l [4] ~2h extensives Fahrtspiel Hfmax: 60–80 % Lactat: <3 mmol/l	[3] ~8h Fettstoffwechsel RF Hfmax: 60–65 % Lactat: <1,5 mmol/l	[2] ~2h extensive RF Hfmax: 70–75 % Lactat: <2,5 mmol/l	~30 h

Wochentrainingspläne: Spezielle Vorbereitungsperiode der Amateure (18–24 h pro Woche)

Woche	Montag	Dienstag	Mittwoch	Donnerstag	Freitag	Samstag	Sonntag	Umfang
1.	[2] ~2h extensive RF Hfmax: 70–75% Lactat: <2,5 mmol/l	(9b) ~3h 8x2km intensives KA am Berg Hfmax: 85–90% Lactat: <6 mmol/l	[4] ~2:30h extensives Fahrtspiel Hfmax: 60–80% Lactat: <3 mmol/l [24] 30min REKOM-Schwimmen	[18] ~45min REKOM-Lauf Hfmax: 65–70% Lactat: <1,5 mmol/l	[8] ~3h extensive KA-RF Hfmax: 70–80% Lactat: <3 mmol/l	[6a] ~2h intensives Fahrtspiel Hfmax: 60–90% Lactat: <6 mmol/l	[3] ~6h Fettstoffwechsel RF Hfmax: 60–65% Lactat: <1,5 mmol/l	18–21 h
2.	[19] ~1h extensiver DL Hfmax: 75–80% Lactat: 1,5–2,5 mmol/l	(9c) ~3h 6x3km intensives KA am Berg Hfmax: 85–90% Lactat: <5 mmol/l	[4] ~3h extensives Fahrtspiel [25] ~30min Aqua Joggen	[2] ~2h extensive RF Hfmax: 70–75% Lactat: <2,5 mmol/l	[11] ~1:30h REKOM-RF Hfmax: 55–60% Lactat: <1,5 mmol/l	[15] ~1:30h Feldstufentest [2] ~2:30h extensive RF Hfmax: 65–70% Lactat: <2 mmol/l	[3] ~7h Fettstoffwechsel RF Hfmax: 60–65% Lactat: <1,5 mmol/l	21–24 h
3.		[19] ~30min extensiver DL Hfmax: 75–80% Lactat: 1,5–2,5 mmol/l (KT4)	(KT4) [16c] ~30min Ergo/Rollen Dreifachpyramide	[6a] ~1:30h intensives Fahrtspiel Hfmax: 60–90% Lactat: <6 mmol/l	[8] ~2:30h extensive KA-RF Hfmax: 70–80% Lactat: <3 mmol/l	[4] ~4h extensives Fahrtspiel Hfmax: 70–80% Lactat: <3 mmol/l	[2] ~4h extensive RF Hfmax: 65–70% Lactat: <2 mmol/l	13–16 h

Woche	Montag	Dienstag	Mittwoch	Donnerstag	Freitag	Samstag	Sonntag	Umfang
4.	⟨7b⟩ ~2:15h 10×1 km Tretfrequenz-Training Hfmax: <90% Tretfr.: >120 U/min	[19] ~45min extensiver DL Hfmax: 75–80% Lactat: 1,5–2,5mmol/l (KT4)	(KT4) ▽16d ~30min Ergo/Rollen Einfach-pyramide	[2] ~2h extensive RF Hfmax: 70–75% Lactat: <2,5mmol/l	⟨9c⟩ ~2:45h 4×3km intensives KA am Berg Hfmax: 85–90% Lactat: <5mmol/l	[4] ~4h extensives Fahrtspiel Hfmax: 70–80% Lactat: <3mmol/l	[3] ~6h Fettstoff-wechsel RF Hfmax: 65–70% Lactat: <1,5mmol/l	18–21 h
5.	⟨5⟩ ~2h intensive RF Hfmax: 80–85% Lactat: 3–6mmol/l	[19] ~45min extensiver DL Hfmax: 75–80% Lactat: 1,5–2,5mmol/l (KT4)	(KT4) ▽16b ~30min Ergo/Rollen Fahrtspiel	[2] ~3h extensive RF Hfmax: 65–70% Lactat: <2mmol/l	⟨10b⟩ ~3h 12×0,5–1 km Bergfahren mit Laufen Vmax: ~95%	[4] ~4h extensives Fahrtspiel Hfmax: 70–80% Lactat: <3mmol/l	[3] ~8h Fettstoff-wechsel RF Hfmax: 65–70% Lactat: <1,5mmol/l	21–24 h
6.	[19] ~1h extensiver DL Hfmax: 75–80% Lactat: 1,5–2,5mmol/l [4] ~2h extensives Fahrtspiel Hfmax: 60–80% Lactat: <3mmol/l	⟨9a⟩ ~2:45h 8×1km intensives KA am Berg Hfmax: 85–90% Lactat: <7mmol/l (KT4)	⟨7c⟩ ~2:30h 8×2km Tretfrequenz-Training Hfmax: <90% Tretfr.: >120 U/min [24] ~30min REKOM-Schwimmen	[4] ~3h extensives Fahrtspiel Hfmax: 60–80% Lactat: <3mmol/l	[11] ~1:30h REKOM-RF Hfmax: 55–60% Lactat: <1,5mmol/l	⟨13⟩ ~2h 20km auf Zeit [2] ~2h extensive RF Hfmax: 70–75% Lactat: <2,5mmol/l	[3] ~8h Fettstoff-wechsel RF Hfmax: 65–70% Lactat: 1,5mmol/l	24–27 h

Rad-Trainingslager

Woche	Montag	Dienstag	Mittwoch	Donnerstag	Freitag	Samstag	Sonntag	Umfang
1.	[2] ~2h extensive RF Hfmax: 70–75% Lactat: <2,5 mmol/l [4] ~2h extensives Fahrtspiel Hfmax: 60–80% Lactat: <3 mmol/l	[4] ~2h extensives Fahrtspiel Hfmax: 60–80% Lactat: <3 mmol/l [2] ~3h extensive RF Hfmax: 65–70% Lactat: <2 mmol/l	[18] ~45min REKOM-Lauf Hfmax: 65–70% Lactat: <1,5 mmol/l [3] ~5h Fettstoffwechsel RF Hfmax: 60–65% Lactat: <1,5 mmol/l	[1] ~1:30h REKOM-RF Hfmax: 55–60% Lactat: <1,5 mmol/l [24] ~30min REKOM-Schwimmen	[8] ~3h extensive KA-RF Hfmax: 70–80% Lactat: <3 mmol/l [4] ~3h extensives Fahrtspiel Hfmax: 60–80% Lactat: <3 mmol/l	[3] ~4h Fettstoffwechsel RF Hfmax: 60–65% Lactat: <1,5 mmol/l	[3] ~7h Fettstoffwechsel RF Hfmax: 60–65% Lactat: <1,5 mmol/l	~32h
2.	[1] ~1:30h REKOM-RF Hfmax: 55–60% Lactat: <1,5 mmol/l	[9c] ~3h 6x3km intensives KA am Berg Hfmax: 85–90% Lactat: <5 mmol/l [2] ~3h extensive RF Hfmax: 65–70% Lactat: <2 mmol/l	[7b] ~2:15h 10x1km Tretfrequenz-Training Hfmax: <90% Tretfr.: >120 U/min [4] ~3h extensives Fahrtspiel Hfmax: 60–80% Lactat: <3 mmol/l	[1] ~1:30h REKOM-RF Hfmax: 55–60% Lactat: <1,5 mmol/l [24] ~30min REKOM-Schwimmen	[8] ~3h extensive KA-RF Hfmax: 70–80% Lactat: <3 mmol/l [2] ~4h extensive RF Hfmax: 65–70% Lactat: <2 mmol/l	[3] ~8h Fettstoffwechsel RF Hfmax: 60–65% Lactat: <1,5 mmol/l	[4] ~4h extensives Fahrtspiel Hfmax: 60–65% Lactat: <1,5 mmol/l	~35h

absetzen kann. Eine hohe Infektionsgefahr besteht besonders nach dem Trainingslager, nämlich dann, wenn die Regenerationsphase in der folgenden Woche beispielsweise durch Alltagsstreß gestört wird oder wenn zu Hause extreme klimatische Bedingungen vorliegen. Das bereits geschwächte Immunsystem ist dann überfordert und
kann seine Aufgaben nicht mehr voll wahrnehmen. Prophylaktisch können Sie die Abwehrkräfte durch frühzeitige Substitution von Immunstimulantien und eine erhöhte
Zufuhr von Vitaminen, Mineralien und Spurenelementen erhöhen.

Wettkampfperiode

Für die Wettkampfperiode stellen wir exemplarisch 10 Wochen dar, mit denen wir Ihnen die Trainingsprinzipien für diese doch sehr lange Phase (bis zu 25 Wochen) ver-
mitteln wollen. Es ist praktisch unmöglich, über einen solch langen Zeitraum seine
Leistungsfähigkeit auf gleichbleibend hohem Niveau zu halten. Es ist also notwendig,
daß Sie sich auf wenige Hauptwettkämpfe festlegen, für die Sie sich dann innerhalb
der Wettkampfperiode nochmals gesondert vorbereiten. Die anderen Wettkämpfe
sind Aufbauwettkämpfe, die aus dem Training heraus bestritten werden können. Das
Training der Wettkampfperiode beinhaltet schwerpunktmäßig intensive kurze Trainingseinheiten, mit denen eine gewisse Wettkampfhärte erzielt werden soll, und regenerative und extensive Einheiten, um das hohe aerobe Leistungsniveau zu halten.

In der **1. Woche** der Wettkampfperiode werden Sie mit dem Sprint- und Stehver-
mögentraining über längere Distanzen bekannt gemacht. Für die folgende Woche
schlagen wir einen Wettkampf vor, den Sie aus dem Training heraus ohne eine besondere Vorbereitung bestreiten können. Vielleicht sind Sie etwas irritiert, daß wir Sie am
Vorwettkampftag noch mal für eine längere, dafür sehr lockere Radfahrt auf den Sattel Ihres Straßenrades schicken. Unsere Erfahrung hat gezeigt, daß dies Ihre Wettkampfleistung nicht negativ beeinflußt. Im Gegenteil, die Muskulatur ist äußerst lei-
stungsbereit, und Sie verlieren nicht ein ganzes Trainingswochenende. Am Beginn der
3. Woche können Sie sich vom Wettkampf erholen. Die langen extensiven Belastungen
am Wochenende sollen Ihre derzeitige Leistungsfähigkeit für den folgenden Wettkampfblock konservieren. In den **Wochen 4 bis 6** haben wir die Situation dargestellt,
in der Sie in drei aufeinanderfolgenden Wochen an jedem Wochenende einen Wettkampf bestreiten. Diese Phase ist besonders kritisch, da die Stabilität Ihrer Leistungsfähigkeit auf dem Spiel steht. Die intensiven Wettkampfbelastungen können sich negativ auf das Niveau Ihrer Grundlagenausdauer auswirken, was in der Folge zur
Instabilität der Leistung führen kann. Insbesondere dann, wenn Sie in der Phase zwischen den Wettkämpfen Ihren Körper noch mit zusätzlichen Trainingseinheiten im
hochintensiven Bereich beanspruchen. Leistungsinstabilität bedeutet, daß Sie Ihre Leistung an einem bestimmten Termin nicht mehr gesichert erreichen. In jedem Fall ist
es günstig, die Regeneration durch zusätzliche Maßnahmen (s. S. 134 f.) zu unterstützen. In der Regel muß auf einen Wettkampfblock von 3 bis 5 Wochen eine wett-
kampffreie Phase von 2 bis 3 Wochen mit umfangreichen GA 1-Einheiten folgen. Wie
in den **Wochen 7 und 8** auf Ihrem Plan stehend, sind dafür auch besonders allgemeine Trainingsmittel wie In-Line Skating und / oder Dauerläufe geeignet. Dadurch kann

Wochentrainingspläne: Wettkampfperiode der Hobbybiker (8–12 h pro Woche)

Woche	Montag	Dienstag	Mittwoch	Donnerstag	Freitag	Samstag	Sonntag	Umfang
1.	[18] ~30 min REKOM-Lauf, Hfmax: 65–70%, Lactat: <1,5 mmol/l	(12c) ~2 h 8×200 m Sprinttraining, Vmax: 98–100%	[1] ~1 h REKOM-RF, Hfmax: 55–60%, Lactat: <1,5 mmol/l		[4] ~3 h extensives Fahrtspiel, Hfmax: 60–80%, Lactat: <3 mmol/l	(11b) ~2 h 4×1000 m Stehvermögen, Vmax: 90–100%	[3] ~3:30 h Fettstoffwechsel RF, Hfmax: 60–65%, Lactat: <1,5 mmol/l	10–11 h
2.		[8] ~2:30 h extensive KA-RF, Hfmax: 70–80%, Lactat: <3 mmol/l	(12a) ~1:30 h 6×80–100 m Sprinttraining, Vmax: 98–100%		[1] ~1 h REKOM-RF, Hfmax: 55–60%, Lactat: <1,5 mmol/l	[2] ~2:30 h extensive RF, Hfmax: 65–70%, Lactat: <2 mmol/l	WK ~1 h, [1] REKOM-RF, Hfmax: 55–60%, Lactat: <1,5 mmol/l	10–11 h
3.		[2] ~1:30 h extensive RF, Hfmax: 70–75%, Lactat: <2,5 mmol/l; [24] ~30 min REKOM-Schwimmen	[1] ~1 h REKOM-RF, Hfmax: 55–60%, Lactat: <1,5 mmol/l		(8) ~2 h extensive KA-RF, Hfmax: 70–80%, Lactat: <4 mmol/l	[4] ~3 h extensives Fahrtspiel, Hfmax: 60–80%, Lactat: <3 mmol/l	[3] ~4 h Fettstoffwechsel RF, Hfmax: 60–65%, Lactat: <1,5 mmol/l	11–12 h
4.		(8) ~2 h extensive KA-RF, Hfmax: 70–80%, Lactat: <4 mmol/l; [18] ~30 min REKOM-Lauf	(12a) ~1:30 h 6×80–100 m Sprinttraining, Vmax: 98–100%		[1] ~1 h REKOM-RF, Hfmax: 55–60%, Lactat: <1,5 mmol/l	[2] ~1 h extensive RF, Hfmax: 65–70%, Lactat: <2 mmol/l	WK ~1 h, [1] REKOM-RF, Hfmax: 55–60%, Lactat: <1,5 mmol/l	8–9 h
5.		(8) ~1:30 h extensive KA-RF, Hfmax: 70–80%, Lactat: <4 mmol/l; [24] ~30 min REKOM-Schwimmen	(6a) ~1:30 h intensives Fahrtspiel, Hfmax: 60–90%, Lactat: <6 mmol/l		[1] ~1 h REKOM-RF, Hfmax: 55–60%, Lactat: <1,5 mmol/l	[2] ~1 h extensive RF, Hfmax: 65–70%, Lactat: <2 mmol/l	WK ~1 h, [1] REKOM-RF, Hfmax: 55–60%, Lactat: <1,5 mmol/l	8–9 h

Woche	Montag	Dienstag	Mittwoch	Donnerstag	Freitag	Samstag	Sonntag	Umfang
6.		2 ~2h extensive RF, Hfmax: 70–75%, Lactat: <4mmol/l; 24 ~30min REKOM-Schwimmen	4 ~2h extensives Fahrtspiel, Hfmax: 60–80%, Lactat: <3mmol/l		1 ~1h REKOM-RF, Hfmax: 55–60%, Lactat: <1,5mmol/l	2 ~1h extensive RF, Hfmax: 65–70%, Lactat: <2mmol/l	WK ~1h; 1 ~1h REKOM-RF, Hfmax: 55–60%, Lactat: <1,5mmol/l	8–9h
7.		21 ~1h In-Line-Skaten, Hfmax: 70–80%, Lactat: 2–3mmol/l; 24 ~30min REKOM-Schwimmen	21 ~1:30h In-Line-Skaten, Hfmax: 70–80%, Lactat: 2–3mmol/l		23 ~1h In-Line-Skating Fahrtspiel, Hfmax: 75–90%, Lactat: <6mmol/l	4 ~3h extensives Fahrtspiel, Hfmax: 60–80%, Lactat: <3mmol/l	3 ~4h Fettstoffwechsel RF, Hfmax: 60–65%, Lactat: <1,5mmol/l	11–12h
8.		2 ~1:30h extensive RF, Hfmax: 70–75%, Lactat: <2,5mmol/l; 18 ~30min REKOM-Lauf	21 ~1h In-Line-Skaten, Hfmax: 70–80%, Lactat: 2–3mmol/l		5 ~1:30h intensive RF, Hfmax: 80–85%, Lactat: 3–6mmol/l	4 ~2:30h extensives Fahrtspiel, Hfmax: 60–80%, Lactat: <3mmol/l	3 ~5h Fettstoffwechsel RF, Hfmax: 60–65%, Lactat: <1,5mmol/l	11–12h
9.		2 ~2h extensive RF, Hfmax: 70–75%, Lactat: <2,5mmol/l; 18 ~30min REKOM-Lauf	10a ~1:45h 6x50–100m Bergfahren mit Laufen, Vmax: ~95%		4 ~2h extensives Fahrtspiel, Hfmax: 60–80%, Lactat: <3mmol/l	11a ~2h 6x500m Stehvermögen, Vmax: 90–100%	2 ~3h extensive RF, Hfmax: 65–70%, Lactat: <2mmol/l	11–12h
10.	18 ~30min REKOM-Lauf, Hfmax: 65–70%, Lactat: <1,5mmol/l	8 ~1:30h extensive KA-RF, Hfmax: 70–80%, Lactat: <4mmol/l	12a ~1:30h 6x80–100m Sprinttraining, Vmax: 98–100%		1 ~1h REKOM-RF, Hfmax: 55–60%, Lactat: <1,5mmol/l	1 ~1h REKOM-RF, Hfmax: 55–60%, Lactat: <1,5mmol/l	WK ~1h; 24 ~30min REKOM-Schwimmen	7–8h

Wochentrainingspläne: Wettkampfperiode der Amateure (12–18 h pro Woche)

Woche	Montag	Dienstag	Mittwoch	Donnerstag	Freitag	Samstag	Sonntag	Umfang
1.		12c ~2h 8x200m Sprinttraining Vmax: 98–100%	2 ~2h extensive RF Hfmax: 70–75% Lactat: <2,5 mmol/l		4 ~3h extensives Fahrtspiel Hfmax: 60–80% Lactat: <3 mmol/l	11b ~2h 8x1000m Stehvermögen Vmax: 90–100%	2 ~4h extensive RF Hfmax: 65–70% Lactat: <2 mmol/l	12–14h
2.	19 ~1h extensiver DL Hfmax: 75–80% Lactat: 1,5–2,5 mmol/l	8 ~2:30h extensive KA-RF Hfmax: 70–80% Lactat: <3 mmol/l	12a ~1:30h 6x80–100m Sprinttraining Vmax: 98–100%		1 ~1h REKOM-RF Hfmax: 55–60% Lactat: <1,5 mmol/l	2 ~3h extensive RF Hfmax: 65–70% Lactat: <2 mmol/l	WK ~2h / 1 ~1h REKOM-RF Hfmax: 55–60% Lactat: <1,5 mmol/l	12–14h
3.	24 ~30min REKOM-Schwimmen	18 ~45min REKOM-Lauf Hfmax: 65–70% Lactat: <1,5 mmol/l 4 ~1:30h extensives Fahrtspiel Hfmax: 60–80% Lactat: <3 mmol/l	2 ~2h extensive RF Hfmax: 70–75% Lactat: <2,5 mmol/l		4 ~2h extensives Fahrtspiel Hfmax: 60–80% Lactat: <3 mmol/l	2 ~3h extensive RF Hfmax: 65–70% Lactat: <2 mmol/l	3 ~5h Fettstoffwechsel-RF Hfmax: 60–65% Lactat: <1,5 mmol/l	14–16h

Woche	Montag	Dienstag	Mittwoch	Donnerstag	Freitag	Samstag	Sonntag	Umfang
4.		(8) ~2h extensive KA-RF Hfmax: 70–80 % Lactat: <4 mmol/l	(12b) ~2h 10×80–100 m Sprinttraining Vmax: 98–100 %		[1] ~1h REKOM-RF Hfmax: 55–60 % Lactat: <1,5 mmol/l	[2] ~1:30h extensive RF Hfmax: 65–70 % Lactat: <2 mmol/l	WK ~2h [1] ~1h REKOM-RF Hfmax: 55–60 % Lactat: <1,5 mmol/l	8–10h
5.	[24] ~30min REKOM-Schwimmen	(8) ~2h extensive KA-RF Hfmax: 70–80 % Lactat: <4 mmol/l	(6a) ~1:30h intensives Fahrtspiel Hfmax: 60–90 % Lactat: <6 mmol/l		[1] ~1h REKOM-RF Hfmax: 55–60 % Lactat: <1,5 mmol/l	[2] ~1:30h extensive RF Hfmax: 65–70 % Lactat: <2 mmol/l	WK ~2h [1] ~1h REKOM-RF Hfmax: 55–60 % Lactat: <1,5 mmol/l	8–10h
6.	[24] ~30min REKOM-Schwimmen	[2] ~2h extensive RF Hfmax: 70–75 % Lactat: <2,5 mmol/l	[4] ~2h extensives Fahrtspiel Hfmax: 60–80 % Lactat: <3 mmol/l		[1] ~1h REKOM-RF Hfmax: 55–60 % Lactat: <1,5 mmol/l	[1] ~1:30h REKOM-RF Hfmax: 55–60 % Lactat: <1,5 mmol/l	WK ~2h [1] ~1h REKOM-RF Hfmax: 55–60 % Lactat: <1,5 mmol/l	8–9h
7.	[24] ~30min REKOM-Schwimmen	[21] ~2h In-Line-Skaten Hfmax: 70–80 % Lactat: 2–3 mmol/l	[21] ~3h In-Line-Skaten Hfmax: 70–80 % Lactat: 2–3 mmol/l		[23] ~1h In-Line-Skating Fahrtspiel Hfmax: 75–90 % Lactat: <6 mmol/l	[4] ~4h extensives Fahrtspiel Hfmax: 60–80 % Lactat: <3 mmol/l	[3] ~6h Fettstoffwechsel RF Hfmax: 60–65 % Lactat: <1,5 mmol/l	16–18h

Woche	Montag	Dienstag	Mittwoch	Donnerstag	Freitag	Samstag	Sonntag	Umfang
8.	[2] ~2 h extensive RF Hfmax: 70–75 % Lactat: <2,5 mmol/l	[21] ~2 h In-Line-Skaten Hfmax: 70–80 % Lactat: 2–3 mmol/l	[7a] ~1:30h 6x500 m Tretfrequenz-Training Hfmax: <90 % Tretfr.: >120 U/min		[1] ~1 h REKOM-RF Hfmax: 55–60 % Lactat: <1,5 mmol/l	[15] ~1:30h Feldstufentest [2] ~2:30h extensive RF Hfmax: 70–75 % Lactat: <2,5 mmol/l	[3] ~6 h Fettstoffwechsel RF Hfmax: 60–65 % Lactat: <1,5 mmol/l	16–18 h
9.	[2] ~3 h extensive RF Hfmax: 65–70 % Lactat: <2 mmol/l	(12c) ~2 h 8x200 m Sprinttraining Vmax: 98–100 %	[8] ~2 h extensive KA-RF Hfmax: 70–80 % Lactat: <4 mmol/l		[4] ~3 h extensives Fahrtspiel Hfmax: 60–80 % Lactat: <3 mmol/l	(11b) ~2:30h 8x1000 m Stehvermögen Vmax: 90–100 %	[2] ~4 h extensive RF Hfmax: 65–70 % Lactat: <2 mmol/l	16–18 h
10.	[18] ~30 min REKOM-Lauf Hfmax: 65–70 % Lactat: <1,5 mmol/l	[8] ~2 h extensive KA-RF Hfmax: 70–80 % Lactat: <4 mmol/l	(12a) ~1:30h 6x80–100 m Sprinttraining Vmax: 98–100 %		[1] ~1 h REKOM-RF Hfmax: 55–60 % Lactat: <1,5 mmol/l	[1] ~1 h REKOM-RF Hfmax: 55–60 % Lactat: <1,5 mmol/l	WK ~2 h [24] ~30 min REKOM-Schwimmen	8–10 h

Wochentrainingspläne: Wettkampfperiode der Amateure (18–24 h pro Woche)

Woche	Montag	Dienstag	Mittwoch	Donnerstag	Freitag	Samstag	Sonntag	Umfang
1.	[24] ~30min REKOM-Schwimmen	(12c) ~3h 10x200m Sprinttraining Vmax: 98–100%	[2] ~4h extensive RF Hfmax: 65–70% Lactat: <2mmol/l	[1] ~1:30h REKOM-RF Hfmax: 55–60% Lactat: <1,5mmol/l	[4] ~4h extensives Fahrtspiel Hfmax: 60–80% Lactat: <3mmol/l	(11b) ~3h 10x1000m Stehvermögen Vmax: 90–100% Lactat: <2mmol/l	[2] ~4h extensive RF Hfmax: 65–70% Lactat: <2mmol/l	18–21 h
2.	[19] ~1h extensiver DL Hfmax: 75–80% Lactat: 1,5–2,5mmol/l	(8) ~2:30h extensive KA-RF Hfmax: 70–80% Lactat: <3mmol/l	(12b) ~2h 10x80–100m Sprinttraining Vmax: 98–100% [2] ~1:30h extensive RF Hfmax: 70–75% Lactat: <2,5mmol/l		[1] ~1:30h REKOM-RF Hfmax: 55–60% Lactat: <1,5mmol/l	[2] ~1h extensive RF Hfmax: 65–70% Lactat: <2mmol/l	WK ~2h	12–15 h
3.	[24] ~30min REKOM-Schwimmen	[18] ~45min REKOM-Lauf Hfmax: 65–70% Lactat: <1,5mmol/l [4] ~3h extensives Fahrtspiel Hfmax: 60–80% Lactat: <3mmol/l	[2] ~2h extensive RF Hfmax: 70–75% Lactat: <2,5mmol/l	[1] ~1:30h REKOM-RF Hfmax: 55–60% Lactat: <1,5mmol/l	[2] ~3h extensive RF Hfmax: 65–70% Lactat: <2mmol/l	[4] ~4h extensives Fahrtspiel Hfmax: 60–80% Lactat: <3mmol/l	[3] ~6h Fettstoffwechsel Hfmax: 60–65% Lactat: <1,5mmol/l	18–21 h

Woche	Montag	Dienstag	Mittwoch	Donnerstag	Freitag	Samstag	Sonntag	Umfang
4.	[18] ~45min REKOM-Lauf Hfmax: 65–70% Lactat: <1,5 mmol/l	[8] ~3h extensive KA-RF Hfmax: 70–80% Lactat: <3 mmol/l	(12b) ~2h 10x80–100m Sprinttraining Vmax: 98–100%		[1] ~1h REKOM-RF Hfmax: 55–60% Lactat: <1,5 mmol/l	[2] ~1:30h extensive RF Hfmax: 65–70% Lactat: <2 mmol/l	WK ~2h [1] ~1h REKOM-RF Hfmax: 55–60% Lactat: <1,5 mmol/l	10–13 h
5.	[24] ~30min REKOM-Schwimmen	[8] ~2:30h extensive KA-RF Hfmax: 70–80% Lactat: <3 mmol/l	(6a) ~1:30h intensives Fahrtspiel Hfmax: 60–90% Lactat: <6 mmol/l		[1] ~1h REKOM-RF Hfmax: 55–60% Lactat: <1,5 mmol/l	[2] ~1:30h extensive RF Hfmax: 65–70% Lactat: <2 mmol/l	WK ~2h [1] ~1h REKOM-RF Hfmax: 55–60% Lactat: <1,5 mmol/l	10–13 h
6.	[24] ~30min REKOM-Schwimmen	[2] ~3h extensive RF Hfmax: 65–70% Lactat: <2 mmol/l	[4] ~2h extensives Fahrtspiel Hfmax: 60–80% Lactat: <3 mmol/l		[1] ~1h REKOM-RF Hfmax: 55–60% Lactat: <1,5 mmol/l	[1] ~1:30h REKOM-RF Hfmax: 55–60% Lactat: <1,5 mmol/l	WK ~2h [1] ~1h REKOM-RF Hfmax: 55–60% Lactat: <1,5 mmol/l	10–13 h
7.	[24] ~30min REKOM-Schwimmen	[21] ~2h In-Line-Skaten Hfmax: 70–80% Lactat: 2–3 mmol/l [1] ~1:30h REKOM-RF Hfmax: 55–60% Lactat: <1,5 mmol/l	[21] ~2:30h In-Line-Skaten Hfmax: 70–80% Lactat: <2,5 mmol/l [2] ~1:30h extensive RF Hfmax: 70–75% Lactat: <2,5 mmol/l	[1] ~1:30h REKOM-RF Hfmax: 55–60% Lactat: <1,5 mmol/l	(23) ~1h In-Line-Skating Fahrtspiel Hfmax: 75–90% Lactat: <6 mmol/l	[4] ~4h extensives Fahrtspiel Hfmax: 60–80% Lactat: <3 mmol/l	[3] ~6h Fettstoffwechsel RF Hfmax: 60–65% Lactat: <1,5 mmol/l	18–21 h

Woche	Montag	Dienstag	Mittwoch	Donnerstag	Freitag	Samstag	Sonntag	Umfang
8.	[2] ~2h extensive RF Hfmax: 70–75 % Lactat: <2,5 mmol/l	[21] ~3h In-Line-Skaten Hfmax: 70–80 % Lactat: 2–3 mmol/l	~2h 8×1 km Tretfrequenz-Training Hfmax: <90 % Tretfr.: >120 U/min	[4] ~2h extensives Fahrtspiel Hfmax: 60–80 % Lactat: <3 mmol/l	[1] ~1h REKOM-RF Hfmax: 55–60 % Lactat: <1,5 mmol/l	[15] ~1,30h Feldstufen-test [2] ~2,30h extensive RF Hfmax: 65–70 % Lactat: <2 mmol/l	[3] ~8h Fettstoff-wechsel RF Hfmax: 60–65 % Lactat: <1,5 mmol/l	21 – 24 h
9.	[2] ~2h extensive RF Hfmax: 65–70 % Lactat: <2,5 mmol/l	(12c) ~3h 10×200 m Sprinttraining Vmax: 98–100 %	(8) ~2,30h extensive KA-RF Hfmax: 70–80 % Lactat: <3 mmol/l		[4] ~4h extensives Fahrtspiel Hfmax: 60–80 % Lactat: <3 mmol/l	(11b) ~3h 10×1000 m Stehvermögen Vmax: 90–100 %	[3] ~5h Fettstoff-wechsel RF Hfmax: 60–65 % Lactat: <1,5 mmol/l	18 – 21 h
10.	[18] ~30min REKOM-Lauf Hfmax: 65–70 % Lactat: <1,5 mmol/l [2] ~2h extensive RF Hfmax: 70–75 % Lactat: <2,5 mmol/l	(8) ~2h extensive KA-RF Hfmax: 70–80 % Lactat: <4 mmol/l	(12a) ~1,30h 6×80–100 m Sprinttraining Vmax: 98–100 %		[1] ~1h REKOM-RF Hfmax: 55–60 % Lactat: <1,5 mmol/l	[1] ~1,30h REKOM-RF Hfmax: 55–60 % Lactat: <1,5 mmol/l	WK ~2h [24] ~30min REKOM-Schwimmen	10 – 13 h

Ihr Organismus von seiner Hauptbeanspruchungsform, dem Biken, besser regenerieren, gleichzeitig aber seine Leistungsfähigkeit auf einem hohen Niveau erhalten. In der **9. und 10. Woche** ist eine unmittelbare Wettkampfvorbereitung auf den Hauptwettkampf dargestellt.

Eine besondere Ernährungs- und Trainingsgestaltung in den letzten Tagen vor einem Hauptwettkampf kann Ihre Leistung positiv beeinflussen. Mit der Kombination von Training und spezieller Diät ist es möglich, durch den Effekt der Superkompensation, die Glykogenspeicher der Arbeitsmuskulatur zu vergrößern. Dazu wird die Wettkampfwoche in drei Phasen unterteilt: in eine Phase der vermehrten Proteinzufuhr, eine der vermehrten Kohlenhydratzufuhr und eine der Wettkampfernährung.

Die **proteinreiche Phase** (Dauer etwa 3 Tage) beginnt nach einer hochintensiven bzw. einer sehr langen Trainingseinheit. Der Anteil der Proteine wird auf 30 bis 35 % und der der Fette auf 25 bis 30 % der täglichen Energiezufuhr erhöht. Die Kohlenhydrataufnahme wird stark reduziert und sollte maximal 30 % an der Gesamtnährstoffzufuhr betragen. Das Training wird bei mittlerer Belastungsdauer und -intensität fortgeführt, um dadurch eine nahezu völlige Entleerung der Glykogenspeicher in Muskulatur und Leber zu erreichen. Nach einer letzten, etwas intensiveren Radeinheit vor dem Wettkampf beginnt die **kohlenhydratreiche Phase** (Dauer etwa 3 Tage), die durch einen relativ hohen Kohlenhydratanteil von 65 bis 70 % an der täglichen Energieaufnahme gekennzeichnet ist. Trainiert wird im regenerativen Bereich. Ziel dieser Maßnahme ist es, die entleerten Glykogenspeicher über das Ausgangsniveau hinaus aufzufüllen. Aufgrund des ungewohnten Trainingsreizes und der Ernährungsumstellung können die Glykogendepots von Muskulatur und Leber über den normalen Glykogengehalt gesteigert werden. In der dritten Phase, dem **Wettkampf**, profitieren Sie von gutgefüllten Energiespeichern. Um den Organismus vor dem Wettkampf nicht unnötig mit der Verdauung zu belasten, sollten Sie eine leichtverdauliche und kohlenhydratreiche Kost zu sich nehmen. Achten Sie dabei auf die Verträglichkeit. Die letzte größere Mahlzeit sollte etwa 3 Stunden vor dem Wettkampf liegen. Etwa 45 Minuten vor dem Wettkampf ist ein kohlenhydratreicher/fettarmer Snack (Müsliriegel), eine Banane, ein Glas Fruchtsaft mit löslichen Haferflocken oder ähnliches geeignet, um den Blutzuckerspiegel zu stabilisieren. Fünf bis 15 Minuten vor dem Wettkampf tragen leicht hypotone Getränke (etwa 5%ige Zuckerlösungen) zur optimalen Deckung des Flüssigkeitsbedarfs bei. Hypertone Energiedrinks (über 15%ige Zuckerlösungen) führen zu einer unerwünschten Aktivierung des anaeroben Stoffwechsels.

Wie Sie sich **während des Wettkampfs** ernähren, ist abhängig von Temperatur, Luftfeuchtigkeit und Wettkampfdauer. In jedem Fall ist eine regelmäßige Flüssigkeitszufuhr, von bis zu einem 1 Liter pro Stunde, aufgeteilt in kleine Portionen, zum Aufrechterhalten der Leistungsfähigkeit nötig.

Allgemein gilt, daß nach Wettkämpfen, unabhängig von Ihrem Gefühl, die unmittelbar folgenden Tage der Regeneration vorbehalten sind. Ganz besonders eignen sich REKOM-Trainingseinheiten im Wasser. Dadurch können Sie effektiv den nach Wettkämpfen oftmals deutlich erhöhten Muskeltonus normalisieren.

DEHNUNGSGYMNASTIK

Dehnungsübungen sind ein wichtiger Bestandteil Ihres Trainings. Wahrscheinlich wissen Sie aus eigener Erfahrung, wie sich vor allem bei einer längeren Trainingsfahrt durch die leicht gebeugte Sitzposition auf dem Bike Verspannungen im Bereich der Nacken-, Schultergürtel- und Rückenmuskulatur einstellen können. Man kann zwar durch Streckübungen auf dem Rad den Spannungsschmerz kurzzeitig lindern, doch die Muskulatur bleibt in einem verspannten Zustand. Neben der Halte- und Stützmuskulatur müssen Sie auch die Hauptarbeitsmuskeln der unteren Extremität elastisch, dehn- und leistungsfähig halten. Ein Muskel ist nur dann voll leistungsfähig, wenn die erforderliche Bewegungsamplitude ohne muskulären Widerstand ausgeführt werden kann. Nur durch ein gezieltes Dehnungsprogramm nach jeder Trainingseinheit können Sie die einseitigen Beanspruchungen für Ihre Muskulatur kompensieren. Darüber hinaus stellt das Dehnen eine Prophylaxe gegen chronische muskuläre Verhärtungen und Verspannungen dar.

Generell unterscheidet man beim Dehnen bzw. Stretching zwischen aktiv statischem und passiv statischem Dehnen. Beim aktiv statischen Dehnen führen Sie die Dehnung ohne fremde Hilfe, d. h. nur durch die Muskelkraft des Gegenspielers (Antagonist), aus (z. B. Übung 9). Beim passiv statischen Dehnen erfolgt die Dehnung durch äußere Kräfte. Beiden Methoden ist gemeinsam, daß Sie die Bewegungen langsam und nicht ruckartig ausführen. Dehnen Sie so weit, bis Sie ein leichtes Ziehen im Muskel verspüren. In dieser Position verharren Sie etwa 10 bis 20 Sekunden. Wiederholen Sie diesen Vorgang 2- bis 3mal. Dehnungsgymnastik nimmt immer Einfluß auf den Muskeltonus, deshalb sollten Sie vor Wettkämpfen oder intensiven Intervallbelastungen nur kurzzeitig passiv dehnen oder sehr vorsichtig in die Dehnposition hineinfedern, um den Muskeltonus nicht zu stark herabzusetzen.

Es ist sinnvoll, wenn Sie, bezogen auf den Körper, eine Reihenfolge der Übungen von «unten nach oben» oder von «oben nach unten» einhalten. Nach dem Dehnen einer Muskelgruppe (Agonisten) sollten Sie die jeweiligen Gegenspieler (Antagonisten) dehnen. Atmen Sie bei allen Übungen ruhig und gleichmäßig, und achten Sie auf eine korrekte Übungsausführung. Konzentrieren Sie sich stets auf die zu dehnende Muskelgruppe, um eine volle Wirksamkeit zu erzielen.

Übungen

Bein- und Hüftmuskulatur
Wadenmuskulatur (M. triceps surae)

Übung 1:
Schollenmuskel (M. soleus):
Stellen Sie sich in Schrittstellung so vor
Ihr Rad, daß Sie sich mit beiden Händen
abstützen können. Nun beugen Sie das
hintere Bein im Kniegelenk so weit, daß
die Ferse gerade noch den Boden
berührt.

Übung 2:
*Zwillingswadenmuskel
(M. gastrocnemius):*
Nehmen Sie die gleiche Schrittstellung
wie in Übung 1 ein. Strecken Sie das
hintere Bein im Kniegelenk und lassen
Sie dabei die Ferse am Boden. Dann
wird die Hüfte nach vorn geschoben.

Schienbeinmuskulatur

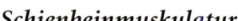

Übung 3:
*Vorderer Schienbeinmuskel und langer Zehen-
strecker (M. tibialis anterior, M. extensor
digitorum longus).*
Im Fersensitz stützen Sie sich mit den Händen neben den Knien auf und heben die Knie
bei gestreckten Füßen vom Boden ab.

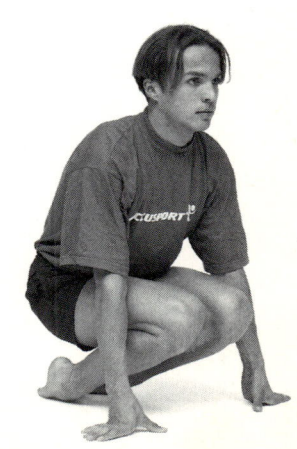

Vordere Oberschenkelmuskulatur
(M. quadriceps femoris)

Übung 4:
In aufrechtem Einbeinstand greifen Sie einen Fuß, wenn möglich mit beiden Händen, und ziehen ihn langsam in Richtung Gesäß. Das Becken muß durch eine angespannte Gesäßmuskulatur aufgerichtet und der Rumpf durch Bauch- und Rückenmuskulatur stabilisiert sein (keine Ausweichbewegung des Beckens).

Alternativ:
Greifen Sie in Bauchlage einen Fuß mit den Händen und ziehen Sie ihn langsam in

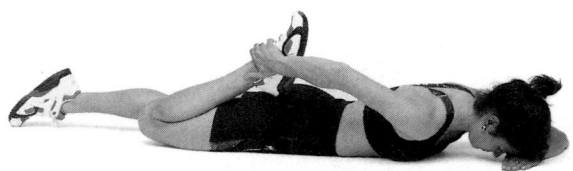

Richtung Gesäß. Das Becken muß durch Anspannen der Gesäßmuskulatur auf der Unterlage fixiert werden. Vermeiden Sie ein Hohlkreuz.

Hintere Oberschenkelmuskulatur
(ischiocrurale Muskulatur)

Übung 5:
Zweiköpfiger Schenkelmuskel
(M. biceps femoris), Halbsehnenmuskel
(M. semitendinosus), Plattsehnenmuskel
(M. semimembranosus).
Suchen Sie sich eine Erhöhung, auf der Sie ein gestrecktes Bein mit der Ferse auflegen können. Lehnen Sie nun den geraden Oberkörper durch eine Beckenkippung nach vorn.

Alternativ:
Aus mittlerer Schrittstellung setzen Sie sich leicht nach hinten ab, wobei das hintere Bein gebeugt und das vordere gestreckt bleibt. Die Oberschenkel bleiben nebeneinander. Nun den geraden Oberkörper durch eine Kippung des Beckens nach vorn beugen. Um jeweils andere Anteile der Ischiocruralmuskulatur zu dehnen, können Sie den Fuß des gestreckten Beines wahlweise etwas nach innen bzw. nach außen drehen.

Alternativ aktiv statisches Dehnen:
Greifen Sie in Rückenlage ein Bein im Kniegelenk und ziehen Sie es gebeugt mit den Händen zur Brust, wo Sie es fixieren. Anschließend versuchen Sie das Bein durch die Kraft des Kniestreckers (Gegenspieler) zu strecken. Dabei müssen Sie die Bauch- und Gesäßmuskulatur anspannen und die Lendenwirbelsäule auf den Boden drücken.

Hintere Hüftstreckmuskulatur

Übung 6:
Großer Gesäßmuskel
(M. glutaeus maximus)

In leicht gebeugtem Einbeinstand umgreifen Sie das Knie und ziehen es zur Brust. Dann strecken Sie das Standbein und richten das Becken und den Rumpf unter Anspannung von Bauch-, Rücken- und Gesäßmuskulatur aktiv auf.

Alternativ:
Dehnung der Gesäß- und Rückenmuskulatur: Im Strecksitz stellen Sie den rechten Fuß auf die Außenseite des linken Knies, umgreifen das rechte Knie mit den Armen und ziehen es in Richtung linke Schulter vor die Brust. Heben Sie das Brustbein an und richten Sie das Becken auf. Zur Dehnungsverstärkung können Sie das rechte Sitzbein etwas nach hinten schieben.

Dehnung der vorderen Hüftbeugemuskulatur

Übung 7:

Lendendarmbeinmuskel (M. iliopsas).
In weitem Ausfallschritt schieben Sie die Hüfte nach vorn unten, und fixieren Sie sie im tiefsten Punkt. Dann strecken Sie das hintere Bein langsam im Kniegelenk, wobei die Hüfte nicht nach oben ausweichen soll.

Innere Schenkelmuskulatur (Adduktoren)

Übung 8:

Im Seitgrätschstand so in die Hocke gehen, daß Sie ein Bein zur Seite spreizen können. Damit Sie alle Adduktoren erreichen, wird in drei Stellungen gedehnt: 1. Sie stellen den Fuß des gestreckten Beines auf die Ferse, oder 2. Sie legen den Fuß auf die Innenkante oder 3. auf den Spann. Eine zusätzliche Dehnungs-verstärkung erreichen Sie, wenn Sie das gebeugte Bein mit dem Ellen-bogen nach außen drücken.

Alternativ:
Setzen Sie sich in aufrechter Körperhaltung auf den Boden (Brustbein
anheben, Becken aufrichten) und
stellen Sie die Fußsohlen aneinan-
der, dann greifen Sie die Fersen von
unten und heben Sie diese leicht an.
Gleichzeitig drücken Sie mit den
Ellenbogen die Knie noch weiter
nach außen.

Rumpf- und Halsmuskulatur
Rückenstrecker

Übung 9:
Gerader Rückenstrecker (M. erector spinae).
Aus dem aufrechten Stand rollen Sie den Oberkörper Wirbel für Wirbel ein. Lassen
Sie dabei Kopf und Arme entspannt nach unten hängen. Zur Dehnungsverstärkung
können Sie den Kopf dosiert in Richtung Hüfte ziehen.

**Alternativ aktiv
statisches Dehnen:**
Bei leicht gebeugten
Beinen neigen Sie den
Oberkörper mit geradem
Rücken nach vorn. Dabei
sollten Sie die Arme aktiv
so weit nach vorn
strecken, daß Arme,
Kopf und Rücken eine
Linie bilden.

Bauchmuskulatur

Übung 10:
*Gerader Bauchmuskel
(M. rectus abdominis),
großer Brustmuskel
(M. pectoralis major).*
In Rückenlage die Beine
strecken und die Arme
gestreckt über Kopf nehmen. Dann räkeln, recken und
strecken Sie sich, wobei Sie das Brustbein nach hinten
oben schieben.

Seitliche Rumpfmuskulatur und Abduktoren

Übung 11:
Im Seitstand halten Sie die Arme gestreckt über den
Kopf. Stellen Sie dann den rechten Fuß über Kreuz vor
den linken Fuß, neigen den Rumpf so weit wie möglich
nach rechts und drücken die Hüfte nach links. Dabei
verlagern Sie das Körpergewicht auf das rechte Bein.
Ein Nach-vorne-Kippen des Beckens sollte vermieden
werden. Danach wechseln Sie die Seite: links vor rechts
stellen, Oberkörper nach links neigen und Hüfte nach
rechts rausschieben und das Gewicht aufs linke Bein
verlagern.

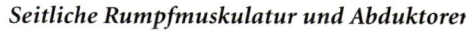

Alternativ:

Rumpfverwringung. In Rückenlage legen Sie den linken Arm gestreckt im rechten Winkel neben den Körper. Dann stellen Sie das linke Bein auf und umfassen das linke Knie mit der rechten Hand. Zur Dehnung ziehen Sie nun das linke Knie nach rechts und drehen den Kopf nach links. Die Schultern sollten sich während der Verwringung nicht von der Unterlage abheben.

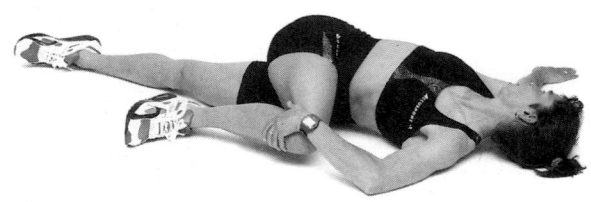

Halsmuskulatur

Übung 12:

Seitliche Halsmuskeln.
Lassen Sie aus dem aufrechten Stand die Schultern entspannt nach unten hängen, neigen Sie dann den Kopf ohne zu drehen zur Seite. Sie können die Dehnung unterstützen, wenn Sie die Gegenschulter aktiv nach unten ziehen. Haben Sie den Kopf zur Seite geneigt, können Sie das Kinn zusätzlich nach oben drehen.

Hintere Halsmuskeln.
Greifen Sie den Kopf halb schräg von hinten und ziehen Sie den Kopf vorsichtig diagonal nach vorne unten. Auch jetzt können Sie wieder, um die Dehnung zu verstärken, die Gegenschulter nach unten ziehen.

Kopfwender.
Drehen Sie den Kopf weit über die Schultern nach hinten.

Schultergürtel-, Brust- und Armmuskulatur

Oberarm- und Schulterblattmuskulatur

Übung 13:
Deltamuskel (M. deltoideus).
Greifen Sie den Oberarm des zu
dehnenden Muskels von unten und
ziehen Sie den gestreckten Arm in
Schulterhöhe zur Gegenseite.

Übung 14:
Schulterblattmuskulatur.
Gehen Sie in den Kniestand und stützen Sie sich mit den Händen dicht vor den
Knien auf. Dann spannen Sie das Gesäß an, legen das Kinn auf die Brust und schie-
ben die Brustwirbelsäule rund nach oben (Katzenbuckel). Danach nehmen Sie den
Kopf ins Genick, strecken das Gesäß raus und lassen den Rücken entspannt nach
unten ‹durchhängen›.

Brustmuskulatur

Übung 15:

*Großer Brustmuskel
(M. pectoralis major).*
Greifen Sie den Lenker mit gestreckten Armen, drücken Sie dann den Rumpf nach unten.

Alternativ:

Dehnung der Brust- und Bauchmuskulatur: Stellen Sie sich mit einem Partner Rücken an Rücken, greifen Sie die hochgehaltenen Arme und lassen Sie sich dosiert nach hinten ziehen. Achten Sie darauf, daß Sie und Ihr Partner Bodenkontakt halten.

Armstrecker

Übung 16:

*Dreiköpfiger Oberarmmuskel
(M. triceps brachii).*
Nehmen Sie die Arme in Hochhalte und lassen Sie den rechten Unterarm hinter den Kopf ‹fallen›. Greifen Sie nun mit der linken Hand den rechten Ellenbogen und ziehen den Arm nach hinten unten.

Übung 17:
Dehnung der Handbeuger
(M. flexor carpi radialis et ulnaris).
Greifen Sie die Finger des gestreckten Armes und überstrecken Sie gefühlvoll die Hand.

Entspannungsübungen

Übung 18:
Entlastung der Wirbelsäule:
Hängen Sie sich an eine Reckstange.

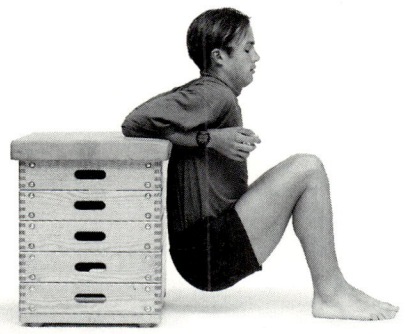

Alternativ: Stützen Sie sich mit den Ellenbogen auf einem Stuhl oder ähnlichem ab und lassen dann das Gesäß bei gebeugten Beinen entspannt nach unten hängen.

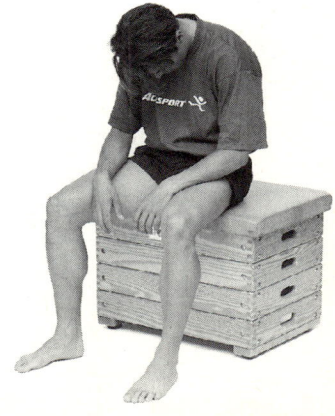

Übung 19:
Droschkenkutschersitz:
Nehmen Sie eine entspannte Sitzposition ein und lassen Sie die Arme und den Kopf locker hängen.

Übung 20:

Entspanntes Liegen:
Legen Sie sich entspannt auf den Rücken, wobei Hände
und Füße locker nach außen ‹fallen›. Zur
besseren Entspannung können
Sie die Augen schließen.

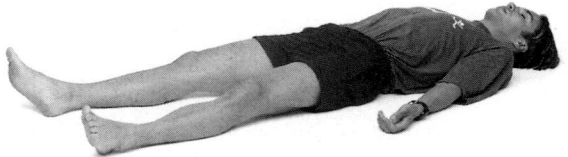

KRAFTTRAINING

Muskeleinsatz beim Pedalieren

Kraft ist eine konditionelle Fähigkeit und wird für alle Bewegungen benötigt. Sie tritt in den Formen der Maximalkraft, der Schnellkraft, der Reaktivkraft und der Kraftausdauer auf. Die **Maximalkraft** ist die höchstmögliche Kraft, die das Nerv-Muskelsystem willkürlich entwickeln kann, und zugleich die Basis für die anderen Erscheinungsformen der Kraft. Zum Mountainbiking benötigen Sie ein relativ hohes Niveau der Maximalkraft, insbesondere dann, wenn Sie an Rennen teilnehmen wollen.

Die **Schnellkraft** als Fähigkeit, mittlere bis hohe Widerstände in maximaler Geschwindigkeit zu überwinden, ist für den Fitneß- und Hobbybiker von geringer Bedeutung. Der Racebiker kann mit einer guten Schnellkraft Hindernisse leichter überspringen, steile kurze Anstiege einfacher hinauffahren und bei Antritten schneller beschleunigen. Die Schnellkraft ist stark abhängig von der Maximalkraft.

Die **Reaktivkraft** ist jene Kraft, bei der eine abbremsende (exzentrische) Bewegung in kürzester Zeit in eine beschleunigende (konzentrische) Bewegung umgesetzt wird. Diese Kraftform ist für den Mountainbiker nicht leistungsrelevant.

Die für Sie wichtigste Kraftfähigkeit ist die **Kraftausdauer**, definiert als Ermüdungswiderstandsfähigkeit der Muskulatur bei lang andauernden Belastungen, bei denen der Krafteinsatz 30 Prozent der Maximalkraft übersteigt. Die leistungsbestimmenden Komponenten der Kraftausdauer sind demzufolge die Maximalkraft und die Ausdauer. Bevor Sie beginnen, die Maximalkraft durch spezielle Übungen an Geräten zu trainieren, sollten Sie bedenken, daß ein zu hoher Anteil an Maximalkraft sich negativ auf die Ausdauerleistung auswirken kann, nämlich dann, wenn der Muskelquerschnitt durch Krafttraining zu stark zunimmt. Solche stark hypertrophierten Muskelzellen können den aeroben Stoffwechselweg weniger effektiv einsetzen. Ein zu hohes Körpergewicht, auch infolge von zuviel Muskelmasse, kann zu einem ungünstigen Last-Kraft-Verhältnis und zu einer verschlechterten Bewegungskoordination führen.

Um die Kraftfähigkeiten zu erhöhen, stehen Ihnen prinzipiell zwei Möglichkeiten zur Verfügung:

1. Vergrößerung des **Muskelquerschnitts (MQ-Training)**: Hierbei wird über den Eiweißanbau eine Dickenzunahme der einzelnen Muskelfasern erreicht. Ein dicker Muskel kann zwar eine höhere Kraftleistung im Einzelzyklus entfalten, die maximale aerobe Stoffwechselrate nimmt jedoch ab, d. h., der kräftige Muskel ist nicht mehr so ausdauernd.

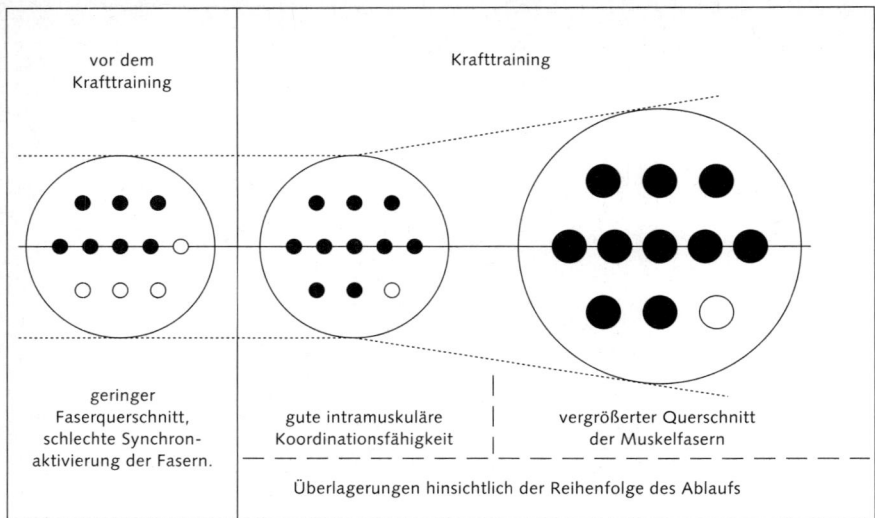

Wirkungen des IK- und MQ-Trainings. Schwarze Punkte stehen für kontrahierte Muskelfasern (Frey / Hildenbrandt 1994, 70).

2. Verbesserung der **inter- bzw. intramuskulären Koordination (IK-Training)**, d. h., Sie sind in der Lage, möglichst viele Muskelfasern synchron an einer Kontraktion zu beteiligen.

Die obige Graphik verdeutlicht die unterschiedliche Wirkung eines IK- und MQ-Trainings. Sie sehen, daß der Untrainierte nur etwa 65 Prozent seiner Fasern an der Kontraktion beteiligen kann, ein auf Kraft trainierter Sportler bis zu 95 Prozent. Eine weitere Verbesserung der Kraftfähigkeit kann durch ein aufbauendes MQ-Training erzielt werden. Dabei nimmt der Querschnitt der einzelnen Fasern zu.

Die Ansprechbarkeit der Muskulatur auf Krafttrainingsreize ist bei jedem Sportler anders und hängt u.a. von der Muskelfaserverteilung (Anteil an schnell oder langsam kontrahierenden Fasern) und dem hormonellen Status des Sportlers ab. So reagiert der eine auf ein Muskelaufbautraining mit einer starken Hypertrophie (Muskeldickenwachstum), der andere hingegen bei vergleichbarem Training mit einer geringeren.

Muskelaktivität beim Pedalieren

Das spezielle Krafttraining muß sich an der Aktivität der Muskulatur beim Pedalieren orientieren. In der folgenden Abbildung werden die an der Tretbewegung hauptsächlich beteiligten Muskelgruppen sowie deren Beanspruchung während einer Pedalumdrehung dargestellt. Dabei zeigt sich in der Druckphase teilweise eine gleichzeitige Aktivität von Streck- und Beugemuskulatur. Der ständige Wechsel der arbeitenden

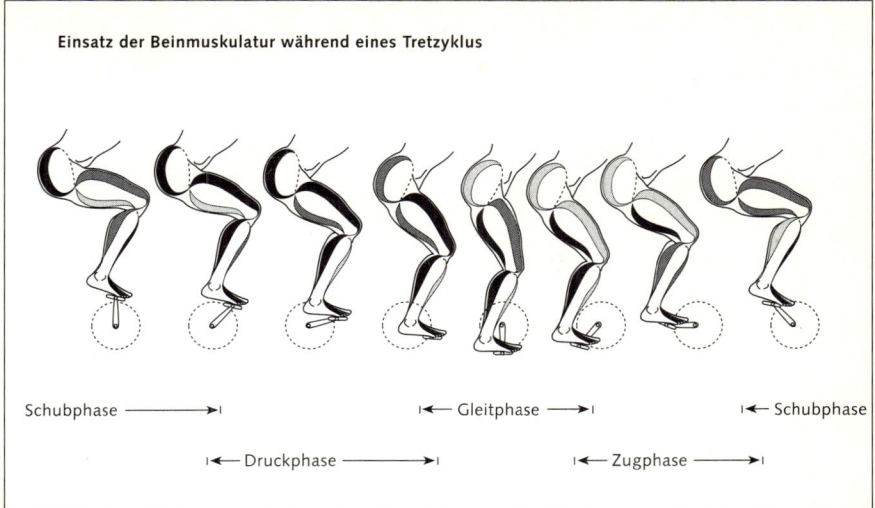

Einsatz der Beinmuskulatur während eines Tretzyklus

Einsatz der Beinmuskulatur während eines Tretzyklus. Muskelbeanspruchung: schwarz = hoch, dunkelgrau = mittel, hellgrau = gering

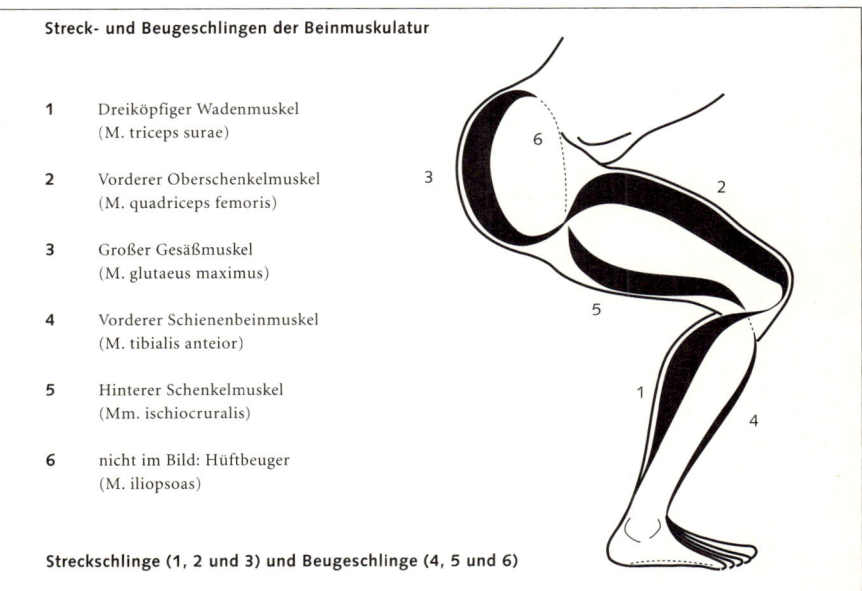

Streck- und Beugeschlingen der Beinmuskulatur

1   Dreiköpfiger Wadenmuskel
     (M. triceps surae)

2   Vorderer Oberschenkelmuskel
     (M. quadriceps femoris)

3   Großer Gesäßmuskel
     (M. glutaeus maximus)

4   Vorderer Schienenbeinmuskel
     (M. tibialis anteior)

5   Hinterer Schenkelmuskel
     (Mm. ischiocruralis)

6   nicht im Bild: Hüftbeuger
     (M. iliopsoas)

Streckschlinge (1, 2 und 3) und Beugeschlinge (4, 5 und 6)

Muskulatur sorgt für die wichtigen Entspannungsabschnitte, die nötig sind, um die Leistung auf einem hohen Niveau zu halten. Die **Sicherheitspedalsysteme**, die eine feste Verbindung zwischen Schuh und Pedal herstellen, ermöglichen einen effektiven Krafteinsatz der Beugeschlinge auch in der Zugphase.

Der Tretzyklus läßt sich in vier Phasen unterteilen:

Druckphase – die Phase mit der besten Kraftübertragung, bei der die Streckschlinge am stärksten beansprucht wird.

Gleitphase – der Übergang von der Druck- zur Zugphase. Die Gleitphase ist charakterisiert durch ein Ziehen des Fußes nach hinten oben bei gleichzeitiger Fußstreckung.

Zugphase – die Entspannungsphase für die Beinstrecker. Bei einer mittleren Fußstreckung zieht das Bein nach hinten oben und unterstützt so die Druckphase des anderen Beines.

Schubphase – der Übergang von der Zug- zur Druckphase. Die Schubphase ist gekennzeichnet durch ein Vorschieben des Fußes.

Die Vortriebsleistung ist dann am größten, wenn Sie über die gesamte Kurbelumdrehung und nicht nur in der Druckphase Kraft einsetzen. Treten Sie nur von oben nach unten (Hackstil), kann im oberen und unteren Umkehrpunkt die Vortriebskraft gegen Null gehen. Wichtig ist also das koordinierte Zusammenspiel von Druck-, Gleit-, Zug- und Schubphase. Je schneller und flüssiger Sie die Übergänge gestalten, desto wirksamer ist der Krafteinsatz.

Neben dem Krafttraining der hauptvortriebswirksamen Beinmuskulatur sollten Sie besonderen Wert auf die Ausprägung einer kräftigen Rumpf-, Becken- und Schultergürtelmuskulatur legen, um eine optimale Bewegungskopplung der Muskelschlingen von den Beinen über den Rumpf zu den Armen zu gewährleisten. Dies ist die Basis für eine gute Fahrtechnik. Eine kräftige Ganzkörpermuskulatur trägt über die ganze Saison zu einer stabilen Leistungsfähigkeit bei.

Kraftübungen

Bei der Ausführung der Übungen ist die Arbeitsweise der Muskulatur unterschiedlich. Der Muskel arbeitet:

- *dynamisch konzentrisch* (überwindend), wenn z. B. der vordere Oberschenkelmuskel (M. quadriceps femoris) bei der Kniebeuge (Übung 8) das Gewicht durch eine Kniestreckung nach oben drückt,
- *dynamisch exzentrisch* (nachgebend), wenn z. B. der vordere Oberschenkelmuskel (M. quadriceps femoris) bei der Kniebeuge (Übung 8) das Gewicht wieder langsam und dosiert in die Beugestellung zurückführt, und
- *statisch isometrisch* (haltend), wenn keine überwindende und nachgebende Arbeit geleistet wird (Übungen zur Rumpfkräftigung).

Die Kraft der Extremitäten wird überwiegend dynamisch konzentrisch und dynamisch exzentrisch entwickelt, die Rumpfkraft dagegen statisch isometrisch. Im folgenden stellen wir Ihnen die wichtigsten Übungen für das Krafttraining des Mountainbikers vor:

Beinkrafttraining

Übung 1:
Fußstreckung (Plantarflexion)

(Wadenmuskulatur / M. triceps surae)
Stellen Sie sich mit den Fußballen
auf einen Absatz (Treppenstufe oder
ähnliches) und senken Sie die Fersen
langsam nach unten ab. Drücken Sie
sich dann explosiv in den (Hoch-)
Zehenstand. Damit Sie das Gleichgewicht besser halten können,
suchen Sie sich was zum Festhalten.
Variationen:
Üben Sie einbeinig oder mit Zusatzgewichten wie Gymnastik-Sandsack,
Gewichtsweste, Lang- oder Kurzhantel.

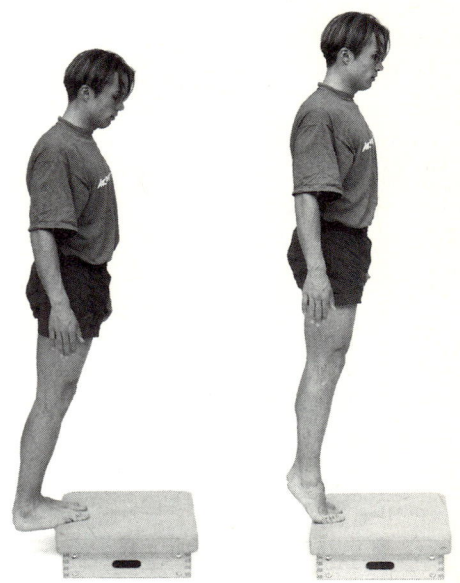

Übung 2:
Fußbeugung (Dorsalflexion)

(Schienbeinmuskulatur / M. tibialis anterior)
Setzen Sie sich auf einen Stuhl und legen vorsichtig eine Hantelscheibe als Wider-
stand auf die Fußspitze. Dann beugen Sie das Fußgelenk in Richtung Schienbein.
Variation:
Sie können auch im Strecksitz am Boden ein Zugseil / Deuserband / Theraband in
Höhe der Zehengrundgelenke unter Spannung fixieren.
Beugen und strecken Sie im Wechsel das Fußgelenk.

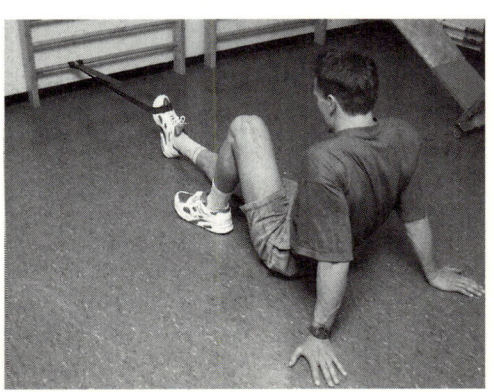

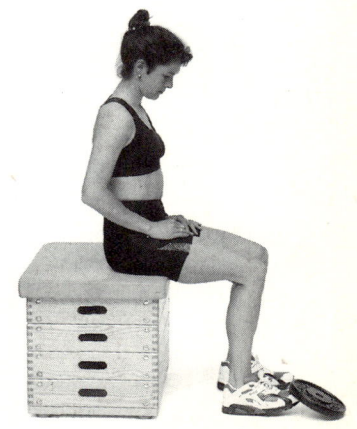

Übung 3:
Kniestrecken
(Vordere Oberschenkelmuskulatur / M. quadriceps femoris)

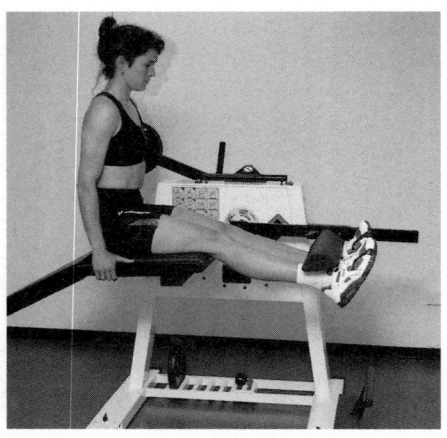

Isolierte Kniestreckübung am Bein-curlgerät. Achten Sie darauf, daß die Kniekehle direkt vorn an der Sitz-fläche anliegt, sich also die Dreh-punkte von Gerät und Knie decken. In der Ausgangsstellung bilden Oberschenkel und Kniegelenk etwa einen 90-Grad-Winkel. Strecken Sie zügig Ihr Kniegelenk bis in die Waagerechte, und führen Sie danach das Gewicht langsam, kontrolliert und unter Muskelspannung in die Ausgangsstellung zurück.
Variation: Einbeinige Ausführung.

Übung 4:
Kniebeugen am Beincurl
(Hintere Schenkelmuskulatur / Mm. ischiocruralis)

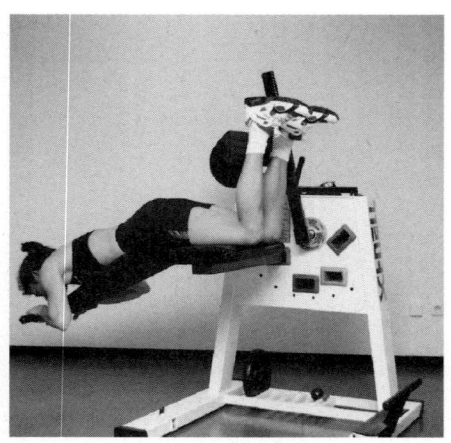

Legen Sie sich mit dem Bauch so auf das Beincurlgerät, daß der obere Rand der Kniescheibe vorn an der Auflagefläche anliegt, sich also Drehpunkt von Kniegelenk und Gerät decken. Beim Beugen des Unterschenkels müssen Sie die Hüfte aktiv auf der Unterlage fixieren (keine Hohlkreuzhaltung!). Beugen Sie zügig die Unterschenkel in Richtung Gesäß, und führen Sie in der Entspannungsphase die Last langsam, kontrolliert und unter Muskelspannung bis zu einer leich-ten Beugestellung im Kniegelenk zurück.
Variation: Einbeinige Ausführung.

Übung 5:
Beinstrecken in der liegenden Beinpresse
(Beinstrecker / M. quadriceps femoris)

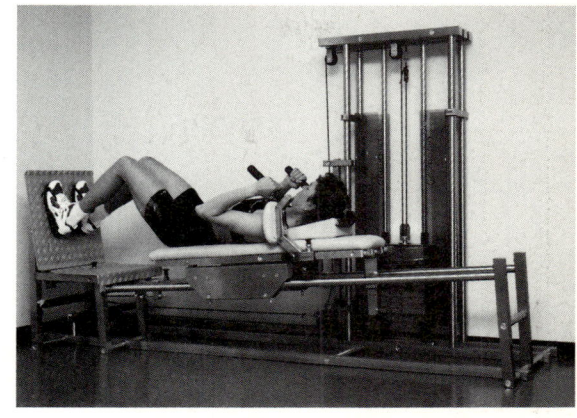

Vor der Übung müssen
Sie die Beinpresse so
einstellen, daß das
Kniegelenk in der Aus-
gangsposition etwa
rechtwinklig gebeugt ist.
Während der zügigen
Streckung der Beine
können Sie bei niedrigen
Gewichten den Fuß
zusätzlich auf die Zehen
stellen. Achten Sie in der
Endstellung darauf, daß
es zu keiner vollständi-
gen Streckung im Kniegelenk kommt (Verletzungsgefahr der Kreuzbänder). Danach
führen Sie das Gewicht langsam und kontrolliert in die Ausgangsstellung zurück.

Übung 6:
Hüftstrecken an der Kraftmaschine
(Hüftstrecker / M. glutaeus,
Mm. ischiocruralis)

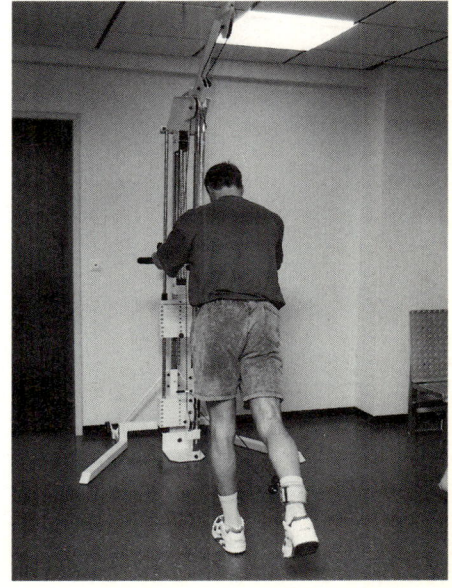

Bei diesem Kraftgerät müssen
Sie den Widerstand im Bereich
der unteren Wade fixieren.
Dann das gestreckte Bein langsam bis zur vollständigen
Streckung in der Hüfte nach
hinten führen. Bei einer zügig-
schwungvollen Ausführung
besteht die Gefahr einer Über-
streckung im Bereich der Lendenwirbelsäule. Eine stabile
Rumpfposition können Sie
durch Festhalten unterstützen.
Diese Übung können Sie auch
mit einem Zugseil / Deuserband / Theraband ausführen.

Übung 7:
Hüft- und Beinstrecken als Steppübung
(Streckschlinge)

Stellen Sie sich mit dem linken Bein auf eine Bank/Stuhl oder ähnliches. Dann drücken Sie sich kräftig mit dem linken Bein nach oben, und stellen Sie den rechten Fuß neben den linken. Dann führen Sie den rechten Fuß wieder nach unten. Danach erfolgt ohne Pause der Beinwechsel. Später können Sie die Übung auch mit Zusatzgewichten wie Gewichtsweste oder Kurzhantel ausführen.

Übung 8:
Kniebeuge mit der Langhantel
(Streck- und Beugeschlinge)

Für diese Übung brauchen Sie Erfahrung und eine starke Rumpfkraft. Ausgangsstellung: In schulterbreitem Stand drehen Sie die Füße leicht nach außen. Zur Entlastung der Achillessehne sollte ein Keil unter den Fersen liegen. Dann gehen Sie langsam und kontrolliert unter Muskelspannung in die Hocke. Dabei die Fersen nicht abheben. Je nach Leistungsfähigkeit und Erfahrung mit der Übung können Sie den Kniewinkel variieren. Bei der halben Kniebeuge beträgt der Kniewinkel etwa 90 Grad, bei einem kleineren Kniewinkel spricht man von tiefer Kniebeuge mit hohen Belastungen auf die Patellarsehne. Beachten Sie unbedingt, daß die Knie exakt über den Zehen nach vorn gebeugt werden und daß der Rücken während des gesamten Übungsverlaufes gerade gehalten wird. Aus der Beugestellung strecken Sie zügig die Beine.

Übung 9:

Armbeugen beim Bankziehen:

(Armbeuge- und Schultergürtelmuskulatur)
Legen Sie sich bäuchlings so auf
eine Bank, daß Sie eine Langhan-
telstange mit gestreckten Armen
schulterbreit greifen können.
Beugen Sie dann die Unterschenkel an, und fixieren Sie die Hüfte
auf der Unterlage, indem das
Gesäß angespannt wird. Halten
Sie den Kopf in Verlängerung der
Wirbelsäule; die Nasenspitze zeigt
nach unten. Das Gewicht während
des Ausatmens bis unter die Bank
ziehen. Dann das Gewicht langsam, kontrolliert unter Muskelspannung wieder nach unten
absenken.

Übung 10:

Armstrecken beim Bankdrücken

(Schulter-, Brustmuskulatur, Armstrecker)
Legen Sie sich rücklings auf eine
Bank (vorzugsweise eine Hantelbank
mit Auflagevorrichtung für die
Hantelstange). Heben Sie die Beine
rechtwinklig an, oder stellen Sie die
Füße auf eine am Fußende quer-
gestellte Bank seitlich auf. So werden
unphysiologische Belastungen im
Bereich der Lendenwirbelsäule
vermieden. Dann senken Sie das
Gewicht langsam, kontrolliert unter
Muskelspannung bis zur Brust ab.
Nach einer kurzen Pause (< 0,5 sec)
drücken Sie das Gewicht bei gleichzeitiger Ausatmung zügig nach
oben, wobei das Ellenbogengelenk
nicht ganz durchgestreckt wird.
Variation: Übung mit Kurzhanteln
ausführen.

Rumpfkrafttraining

Neben den Übungen 1 bis 10, die überwiegend die vortriebswirksamen Muskelgruppen stärken, sollten Sie auch Ihre Rumpfmuskulatur trainieren. Die Rumpfmuskulatur hat folgende Funktionen zu erfüllen:

- Widerlagerfunktion, d. h., die Rumpfmuskulatur stabilisiert das Becken im Tretzyklus, um Ausweichbewegungen zu reduzieren.
- Kraftübertragungs- und Kopplungsfunktion, d. h., die Rumpfmuskulatur koppelt und überträgt die in Armen und Beinen entwickelte Kraft über Muskelschlingen vortriebswirksam.
- Schutzfunktion, d. h., eine kräftige Rumpfmuskulatur entlastet das passive Bewegungssystem, insbesondere die Wirbelsäule, und schützt im Sinne eines Muskelkorsetts vor Fehl- und Überbeanspruchungen. Eine chronische Fehlbelastung der Wirbelsäule kann eine ganze Reihe von Beschwerdebildern wie Verspannungen und Verhärtungen der Muskulatur, Ischiasbeschwerden etc. hervorrufen.

Ihre Rumpfmuskulatur muß so kräftig und ermüdungswiderstandsfähig sein, daß sie die genannten Aufgaben und Funktionen über die gesamte Belastungsdauer einer Trainingseinheit bzw. eines Wettkampfes wahrnehmen kann. Kräftigungsübungen sollten Sie deshalb ganzjährig mehrmals wöchentlich in Ihr Training einplanen.

Im folgenden stellen wir Ihnen die Kräftigungsübungen vor, die die besonderen Anforderungen des Mountainbikings berücksichtigen. Achten Sie bei allen Übungen auf eine achsengerechte Belastung der Wirbelsäule. Die Übungen werden statisch isometrisch (haltend) ausgeführt, d. h., die Spannung im Muskel nimmt bei der Kontraktion zu, während die Länge des Muskels unverändert bleibt. Die Dauer der Kontraktion beträgt maximal 60 Sekunden bzw. nur so lange, wie Sie die korrekte Position halten können. Nach einer kurzen Entspannung wird die Übung 3- bis 6mal wiederholt. In den ersten Wochen eines Rumpfkrafttrainings sollte der Schwerpunkt auf der Beuge- und Streckmuskulatur von Bauch und Rücken liegen. Erst danach werden Kraftübungen zur Kreuzkoordination in das Übungsprogramm aufgenommen. Verfügen Sie über eine gute Rumpfkraft, können Sie auch koordinativ anspruchsvolle dynamische Übungen in Ihr Programm aufnehmen. Der Schwierigkeitsgrad der gewählten Übung darf maximal so hoch sein, daß immer eine korrekte Bewegungsausführung und Haltung sichergestellt sind.

Übung 11:

Gerade Bauchmuskulatur:
Legen Sie sich auf den
Rücken, und stellen Sie die
Füße auf. Fixieren Sie die
Lendenwirbelsäule durch
Anspannung der Bauchmus-
kulatur auf den Boden, und
ziehen Sie die Schulterblätter
nach unten. Heben Sie erst
die gebeugten Beine, dann
Kopf und Schultern vom
Boden ab.

Variation:

Den Oberkörper am Boden
fixieren und die Hüfte
ohne Schwungbewegung
der Beine vom Boden
abheben.

Übung 12:

Schräge Bauchmuskulatur:
Ausgangsstellung wie bei
der Übung für die geraden
Bauchmuskeln. Schieben
Sie die gestreckten Arme an
einer Seite des Oberschen-
kels vorbei, oder drücken
Sie mit der linken Hand
kräftig gegen das rechte
Knie und umgekehrt.

Übung 13:

Seitliche Rumpfmuskulatur:
Heben Sie in Seitlage und Unterarmstütz die Hüfte so weit vom Boden ab, daß der Körper durch Anspannung der Rumpf-, Gesäß- und Beinmuskulatur eine Gerade bildet. Füße anziehen und auf den äußeren Rand des unteren Fußes stützen.

Variation:
Das obere Bein gestreckt abspreizen.

Übung 14:

Rücken- und Hüftstrecker:
Legen Sie sich mit gestreckten Armen und Beinen auf den Boden. Heben Sie die gestreckten Beine oder den in Verlängerung der Wirbelsäule gehaltenen Kopf und die Arme wenige Zentimeter vom Boden ab. Halten Sie die Spannung für mehrere Sekunden!

Variation:
Heben Sie diagonal linken Arm und rechtes Bein vom Boden ab. Durch Anspannung der Gesäßmuskulatur müssen Sie die Hüfte auf der Unterlage fixieren.

Übung 15:
Rumpfmuskulatur und Hüftstreckmuskulatur:
Legen Sie sich auf den Rücken und stützen Sie sich auf die Unterarme. Schieben Sie das Brustbein nach oben, spannen Sie das Gesäß an, und heben Sie den Körper so weit vom Boden ab, daß er eine Gerade bildet.

Variation:
Während der Ganzkörperspannung rechtes und linkes Bein im Wechsel wenige Zentimeter vom Boden abheben.

Übung 16:
Rumpfmuskulatur und Hüftstreckmuskulatur:
In Bauchlage die Zehen auf den Boden stellen und aus dem Unterarmstütz das Becken so weit

vom Boden abheben, bis der Körper gestreckt ist. Heben Sie dann wechselseitig das rechte und linke Bein wenige Zentimeter vom Boden ab.

Variation:
Diagonal rechten Arm, linkes Bein oder umgekehrt vom Boden abheben.

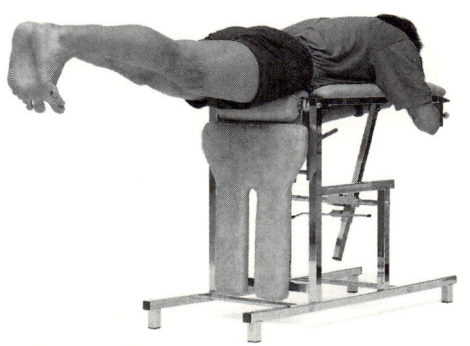

Übung 17:
Rücken- und Gesäßmuskulatur:
Legen Sie sich mit dem Oberkörper auf einen Kasten oder eine Bank, und halten Sie sich mit den Händen fest. Dann werden die Beine nach hinten oben bis in die Horizontale gestreckt. Ziehen Sie die Füße an und achten Sie darauf, daß der Rücken nicht überstreckt ist.

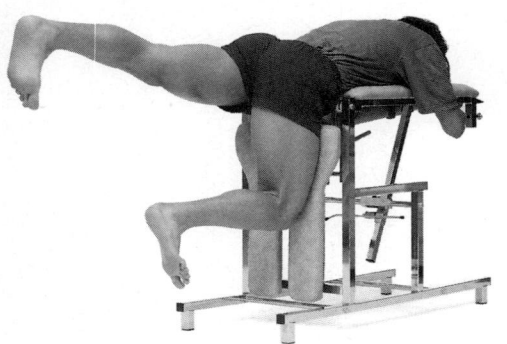

Variation:
Wechselseitig rechtes und
linkes Bein nach hinten
strecken.

Übung 18:
*Hintere Schenkel-,
Gesäß- und Rücken-
muskulatur:*
Bäuchlings Becken und
Beine auf einen Kasten
legen. Die Füße / Unter-
schenkel fixieren,
eventuell von einem
Partner festhalten
lassen. Rollen Sie dann
den nach unten hän-
genden Oberkörper
Wirbel für Wirbel bis in
die Waagerechte auf.
Halten Sie den Kopf in
Verlängerung der
Wirbelsäule, d. h., die
Nasenspitze zeigt nach

unten. Überstrecken Sie nicht den Rücken. Die Arme werden in U-Halte (die Arme
rechtwinklig im Ellbogengelenk gebeugt) seitlich neben dem Körper gehalten.
Drücken Sie die Schulterblätter zusammen. Zusätzlich kann man den Rumpf langsam und kontrolliert um seine Längsachse (Wirbelsäule) rotieren. Bei gut entwickel-
ter Rumpfkraft können Sie die Belastung durch leichte Zusatzgewichte, die in den
Händen gehalten werden, erhöhen.

Übung 19:

Rückenmuskulatur:
Setzen Sie sich mit gestreckten
Beinen auf den Boden, und nehmen Sie die Arme in Hochhalte.
Heben Sie das Brustbein an und
versuchen Sie das Becken aufzu-
richten (Becken nach vorn kip-
pen). Bei gleichmäßiger Atmung
halten Sie die Spannung.

Übung 20:

Ganzkörperspannung:
Bauen Sie in Rückenlage eine Ganzkörperspannung auf, indem Sie die Zehen gegen
den Widerstand eines Partners nach unten drücken.

Übung 21:
Rücken- und Gesäßmuskulatur

Gehen Sie in die Bankstellung und
strecken Sie rechten Arm und linkes Bein
horizontal aus. Halten Sie bei fixiertem
Becken die Spannung! Zur Entspannung
bzw. Dehnung führen Sie Knie und Kinn
zusammen und drücken den Rücken
rund nach oben.

Übung 22:
Rücken- und Schultergürtelmuskulatur:
Aus der Bankstellung stützen Sie sich mit den Händen so weit vorn auf, daß Arme
und Rücken eine Linie bilden. Heben Sie dann wechselseitig eine Hand wenige
Zentimeter vom Boden ab.

Krafttrainingsprogramme

Für das Krafttraining an Geräten empfehlen wir ein Kraftausdauertraining und ein Muskelaufbautraining. Das Kraftausdauertraining wenden Sie als kreislaufbelastendes Gewöhnungstraining zu Beginn der allgemeinen Vorbereitungsperiode an und später als semispezifisches Kraftausdauertraining mit geringen Gewichten und hohen Wiederholungszahlen. Das Muskelaufbautraining, als Mischform des Muskelquerschnitttrainings (IQ) und des intra- und intermuskulären Koordinationstrainings (IK), wenden Sie im Wechsel mit dem Kraftausdauertrainingsblock an, um die Reizwirksamkeit des Gerätetrainings zu erhöhen. Zum Muskelaufbau wählen Sie eine Last, die Sie pro Serie etwa 8- bis 15mal zügig unter Beibehaltung der optimalen Bewegungsamplitude und ohne Ausweichbewegungen bewegen können. Die Last kann bei Anfängern etwa 50 Prozent und bei Fortgeschrittenen bis maximal 85 Prozent der Maximalkraft betragen. Zur Entspannung der Muskulatur kann das Gewicht nach jedem Bewegungszyklus kurzzeitig ($< 0,5$ s) abgesetzt werden. Ein reines intra- und interkoordinatives Krafttraining mit einer Belastungshöhe über 85 Prozent und etwa 1 bis 8 Wiederholungen pro Satz sollte, wenn überhaupt, nur der im Krafttraining sehr Geübte durchführen.

Auf einen Maximalkrafttest können Sie verzichten. Die optimale Last läßt sich nicht nur aus dem maximalen Krafteinsatz, sondern auch anhand der Wiederholungen bei einer bestimmten Last ermitteln. Beim Anfänger geht man davon aus, daß bei zehn möglichen Wiederholungen eine Intensität von 50 Prozent zur Maximalleistung vorliegt. Jede Wiederholung weniger bedeutet eine etwa 5prozentige Intensitätssteigerung.

Für das Krafttraining stellen wir Ihnen vier Trainingsprogramme vor:

KT_1:   **Kreis- bzw. Circuittraining für die allgemeine Fitneß und Kraftausdauer**
Durchlaufen Sie diesen Parcours mit 8–10 Stationen mehrmals. An jeder Station üben Sie anfangs 30 Sekunden und nach der Eingewöhnungsphase bis zu 2 Minuten mit einer Last, die etwa 30–50 Prozent Ihrer Maximalkraft entspricht. Die Pause nach jeder Übung beträgt maximal 60 Sekunden, nach jeder durchlaufenen Runde etwa 5 Minuten. Zur Gewöhnung an das Krafttraining sind zwei Durchgänge ausreichend.
Übungen 1, 2, 7, 9, 10, 11, 12, 13, 14, 15

KT_2:   **Stationstraining für die Kraftausdauer**
Je nach Zielsetzung können Sie an bis zu 8 Stationen trainieren. Im Unterschied zum Kreistraining führen Sie an einer Station erst alle Sätze aus, bevor Sie zur nächsten Station wechseln. Bei 3–8 Sätzen sollten Sie das Gewicht so wählen, daß Sie mindestens 20 Wiederholungen bei zügiger Bewegungsausführung realisieren können. Dies entspricht etwa 30–50 Prozent Ihrer Maximalkraft. Die Satzpause beträgt 2 bis 3 Minuten.
Station 1:   **Übung 7:** Hüft- und Beinstrecken als Stepübung

Station 2:   **Übung 11:** Gerade Bauchmuskulatur
Station 3:   **Übung 8:** Kniebeuge mit der Langhantel
Station 4:   **Übung 17:** Rücken- und Gesäßmuskulatur
Station 5:   **Übung 5:** Beinstrecken in der liegenden Beinpresse
Station 6:   **Übung 13:** Seitliche Rumpfmuskulatur
Station 7:   **Übung 4:** Kniebeugen am Beincurl
Station 8:   **Übung 21:** Rücken- und Gesäßmuskulatur
Station 9:   **Übung 1:** Fußstreckung
Station 10:   **Übung 2:** Fußbeugung

KT$_3$: Stationstraining für den Muskelaufbau

Vor dem speziellen Muskelaufbautraining für die Beine sollten Sie die Rumpf-muskulatur kräftigen (z. B.):

Übung 11: Gerade Bauchmuskulatur
Übung 17: Rücken- und Gesäßmuskulatur
Übung 18: Ischiocrural-, Gesäß- und Rückenmuskulatur

Das Muskelaufbautraining wird nach der gleichen Organisationsform wie das KT$_2$-Training durchgeführt. Sie erhöhen jedoch das Gewicht auf 65 – 85 Prozent Ihrer Maximalkraft und reduzieren die Anzahl der Wiederholungen auf 8 – 15 bei zügiger Bewegungsausführung. Pro Station trainieren Sie eine Muskelgrup-pe 3- bis 6mal, wobei Sie die Pausenzeit auf 3 bis 5 Minuten verlängern. Als Übungsreihenfolge schlagen wir Ihnen vor, mit den mehrgelenkigen Übungen zu beginnen. Mit Übung 7 wird zusätzlich der ganze Körper aufgewärmt.

Station 1:   **Übung 7:** Hüft- und Beinstrecken als Stepübung
Station 2:   **Übung 8:** Kniebeuge mit der Langhantel
Station 3:   **Übung 5:** Beinstrecken in der liegenden Beinpresse
Station 4:   **Übung 4:** Kniebeugen am Beincurl
Station 5:   **Übung 1:** Fußstreckung
Station 6:   **Übung 2:** Fußbeugung

KT$_4$: Supersatztraining

Das Supersatztraining ist eine intensive und zeitsparende Trainingsform: Bei dieser Trainingsform wechseln Sie zwischen zwei Übungen mit unterschiedli-cher Muskelbeanspruchung (z. B. Arme und Beine oder Agonist und Antago-nist). Die Anzahl der Stationen und Wiederholungen sowie die Intensität unter-scheiden sich nicht von der des KT$_3$-Trainings. Aufgrund der wechselnden muskulären Beanspruchung kann die Pausenzeit auf 60 Sekunden reduziert werden.

Station 1:   **Übung 11** im Wechsel mit **Übung 15**
Station 2:   **Übung 1** im Wechsel mit **Übung 2**
Station 3:   **Übung 9** im Wechsel mit **Übung 10**
Station 4:   **Übung 5** im Wechsel mit **Übung 4**
Station 5:   **Übung 8** im Wechsel mit **Übung 19**

Hinweise für die Trainingspraxis

Für das Krafttraining an Geräten sollten Sie einige wichtige Punkte beachten:

- Jede Krafttrainingseinheit an Geräten beginnen Sie am besten mit einer allgemeinen Erwärmung, einer Dehnungsgymnastik sowie Übungen zur Rumpfkräftigung. Nach dem Krafttraining können Sie die beanspruchten Muskelgruppen dehnen.
- Die Kraftgeräte sind auf die Körperproportionen so einzustellen, daß die Drehpunkte der Geräte mit denen der Körpergelenke übereinstimmen.
- Achten Sie immer darauf, daß Sie die Übungen achsengerecht ausführen, d. h., daß Sie die Gelenke nur in ihrer funktionellen Bewegungsrichtung belasten. Bsp.: Bei der Kniebeuge mit der Langhantel dürfen beim Beugen der Beine die Knie nicht nach innen oder außen ausweichen, sondern müssen exakt über die Zehen nach vorn gebeugt werden.
- Vermeiden Sie maximale Gelenkendstellungen (Knie- oder Ellbogengelenke nicht durchstrecken).
- Vermeiden Sie eine Rundrücken- oder Hohlkreuzhaltung. Entlasten Sie stets die Wirbelsäule, d. h., trainieren Sie nach Möglichkeit mit geradem Rücken unter aktiver Anspannung der Bauch-, Gesäß- und Rückenmuskulatur.
- Gerätetraining sollten Sie mit Partner durchführen. Der Partner hat zum einen die Aufgabe, bei schweren Lasten zu helfen und zu sichern, zum anderen kann er Ihre Haltung und die Bewegungsausführung beobachten und auf eventuelle Haltungsfehler hinweisen. Zur Haltungskontrolle kann auch ein Spiegel hilfreich sein.
- Keine Preßatmung beim Überwinden des Widerstandes! Konzentrieren Sie sich besonders auf eine ruhige und gleichmäßige Atmung. So vermeiden Sie extreme Blutdruckanstiege.
- Die Trainingsgewichte, Wiederholungszahlen und Serien, mit denen Sie trainieren, müssen sich immer an Ihrer aktuellen Belastbarkeit orientieren. Nur so ist gewährleistet, daß Bänder, Sehnen, Gelenke und Knochen des passiven Bewegungssystems vor Überlastungen sowie die Muskulatur vor Verletzungen geschützt ist.
- Es ist empfehlenswert, daß Sie die Muskelgruppen von Agonist und Antagonist in einem funktionell ausgewogenen Verhältnis trainieren, um muskuläre Dysbalancen zu vermeiden.
- Ein Gerätetraining sollte nicht nach einer ermüdenden Trainingseinheit durchgeführt werden. Die Muskulatur und die passiven Strukturen (Bänder, Sehnen und Gelenke) sind in ermüdetem Zustand verletzungsanfälliger.
- Sie können die Wirkrichtung Ihres Krafttrainings beeinflussen. Folgt nach einer Krafttrainingseinheit eine passive Regenerationsphase, wirkt der Kraftreiz am stärksten. Folgt unmittelbar auf das Gerätetraining ein kurzes Radtraining mit hohen Tretfrequenzen und intensiven Antritten, können positive Transfereffekte dazu beitragen, daß die Bewegungskoordination durch den Kraftzuwachs nicht negativ beeinflußt wird. Wird nach der Krafteinheit im REKOM-Bereich trainiert, ist die Regeneration beschleunigt. So stört Sie das Krafttraining nicht bei folgenden Trainingseinheiten, büßt jedoch an Effektivität ein.

REGENERATION

Regeneration ist ein aktiver Prozeß, der sich gleichermaßen auf Körper und Geist auswirkt. Wie Sie die Regeneration gestalten, ist abhängig von der Art der vorausgehenden sportlichen Belastung, vom Trainingszustand, von Ihrem Alter, vom psychisch-emotionalen Zustand und Ihrem sozialen Umfeld. Regeneration hat nicht nur zum Ziel, die Müdigkeit nach Training und Wettkampf zu beseitigen, sondern die funktionelle Ausgangslage im psychisch-physischen Bereich zu verbessern. Die Qualität der Regenerationsgestaltung entscheidet über die Art der Reizverarbeitung und über die Dauer der Wiederherstellung. Je schneller Sie regenerieren, desto früher können Sie sich einem neuen Belastungsreiz aussetzen.

Regenerative Maßnahmen gewinnen mit zunehmendem Alter an Bedeutung. Ältere Athleten regenerieren nicht mehr so schnell wie jüngere. Dies müssen Sie in der Trainings- und Wettkampfplanung ebenso berücksichtigen wie in der Gestaltung der Regeneration.

Im folgenden wollen wir Ihnen einige Möglichkeiten zur Entspannung und Regeneration vorstellen. Je nach persönlicher Neigung und geistig-körperlicher Verfassung sollten Sie unterschiedliche Verfahren einsetzen. Diese sind nicht unabhängig voneinander, sondern beeinflussen sich gegenseitig und dürfen nicht wahllos nach dem Motto «mehr ist besser» angewendet werden. Vielfach ist es auch wichtig, dem Organismus Zeit zu geben, auf den Trainingsreiz zu reagieren. So kann beispielsweise der Reiz eines Krafttrainings durch Maßnahmen, die den Muskeltonus zu stark herabsetzen, gemindert werden.

Cool-down mit Lockerungs- und Dehnungsgymnastik
Am Ende einer jeden Trainingseinheit wird die Regeneration durch Abwärmen (Cool-down) eingeleitet. Ihre erhöhten Körperfunktionen werden beruhigt und Stoffwechselendprodukte abgebaut. Dazu fahren Sie mit niedriger Intensität im REKOM-Bereich und lockern und dehnen die stark beanspruchten Muskelgruppen (Dauer: mind. 10 Minuten).

Ausgleich des Flüssigkeits- und Energiedefizits
Sofort im Anschluß an die körperliche Aktivität sollten Sie das entstandene Flüssigkeits- und Energiedefizit, auch ohne Durst- oder Hungergefühl, ausgleichen. Wir empfehlen Ihnen kalte isotonische und mineralhaltige Getränke (Apfelsaftschorle), die schnell vom Körper aufgenommen werden können. Alkoholische Getränke als primärer Durstlöscher sind zu vermeiden, da Alkohol die anabolen (aufbauenden)

Prozesse in der Erholungsphase beeinträchtigt und dadurch die Leistungsentwicklung hemmt. Zum Auffüllen der Energiespeicher sollten Sie eine kohlenhydratreiche Kost zu sich nehmen.

Wärmeanwendungen

Alle hier vorgestellten Wärmeanwendungen sollten Sie nur bis zwei Tage vor einem Wettkampf anwenden. Der gesenkte Muskeltonus und die Form der Stoffwechselbeanspruchung hätten einen negativen Einfluß auf Ihre Leistungsfähigkeit. Bei akuten Erkrankungen mit Fieber und Entzündungen oder grippalen Infekten dürfen Sie keine Wärme anwenden.

Entmüdungsbäder

Entmüdungsbäder, als Teil- oder auch Vollwasserbäder, beeinflussen die Regeneration positiv. Sogar relativ heiße Bäder, die den Kreislauf zusätzlich belasten, sind entspannend für Körper und Geist. Die durchdringende Wärme hilft Ihrem Körper bei der Verarbeitung von Stoffwechselendprodukten und steigert die allgemeine Durchblutung. Bei einer Wassertemperatur von unter 40 °C sollte ein Vollbad etwa 20 Minuten dauern. Nach dem Bad packen Sie sich warm ein, und ruhen Sie sich für etwa 30 Minuten aus.

Entspannungsduschen

Für den Kreislauf weniger belastend, aber gleichermaßen sehr entspannend ist ein heißes Duschbad. Sie können auch je nach Wohlbefinden im Wechsel heiß und kalt duschen. Neben der spürbar entspannenden Wirkung sagt man dem Wechselduschen auch noch einen Abhärtungseffekt nach.

Sauna

Sauna ist aus dem Sportleralltag nicht mehr wegzudenken. Nicht Anzahl oder Dauer der Durchgänge, sondern einzig persönliches Wohlbefinden ist beim Saunieren entscheidend. Ein Saunabesuch kann 3 bis 4 Durchgänge mit je 8 bis 15 Minuten betragen. Nach jedem Durchgang sollten Sie sich an der frischen Luft abkühlen, erst danach kalt abduschen oder in kaltes Wasser eintauchen. Es folgt eine Erholungsphase im Ruheraum. Den entstehenden Wasserverlust durch das Schwitzen müssen Sie unmittelbar danach ausgleichen. Wollen Sie direkt nach dem Training in die Sauna gehen, sollten Sie sich mit einem Durchgang begnügen.

Fangopackungen und Moorbäder

Diese Warmanwendungen über 15 bis 20 Minuten haben einen stark hyperämisierenden (durchblutungsfördernden) Effekt durch ihre Eigenschaft, viel Wärme auf einen lokal begrenzten Bereich zu übertragen. Die Wärmebildung löst muskuläre Verspannungen und beschleunigt den Stoffwechsel. Stoffwechselendprodukte werden so schneller abgebaut.

Massage

Für alle Leistungssportler ist der Gang zum Masseur / Physiotherapeuten eine Selbstverständlichkeit. Aber auch jeder Sportler, der regelmäßig trainiert und an Wettkämpfen teilnimmt, sollte eine Massage nutzen, um seine volle persönliche Leistungsfähigkeit zu erhalten. Weiterhin unterstützt die Massage den Regenerationsprozeß und kann bei regelmäßiger Anwendung prophylaktisch vor muskulären Dysbalancen, Überlastungen, Muskelverhärtungen und -verspannungen schützen.

Die Wirkungsbreite einer Massage ist äußerst groß. Muskulatur, Sehnen, Bänder, Gelenke und das Blut- und Lymphsystem werden positiv beeinflußt. Die nicht selten schmerzhaft verspannte Muskulatur wird gelockert, der Muskeltonus des erschlafften Muskels deutlich verbessert. Im Bereich der Sehnen, Bänder und Gelenke wird der geringe und langsam verlaufende Stoffwechsel angeregt. Auch Flüssigkeitsansammlungen (Schwellungen) im Bereich der Gelenke können sich zurückbilden. Der Blutkreislauf wird beschleunigt und der Stoffwechsel aktiviert.

Auf das Nervensystem wirkt eine Massage mit einer Änderung der Erregungs- und Hemmungsprozesse. Direkt im Anschluß an eine Massage ist das Erregungsniveau gehemmt, nach einigen Stunden jedoch deutlich erhöht, so daß Ihre Leistungsbereitschaft und -fähigkeit deutlich gesteigert sind.

Allgemein unterscheidet man die Trainingsmassage von der Vorwettkampfmassage. Die Vorwettkampfmassage hat ausschließlich lockernden Charakter für die Muskulatur und soll die Elastizität und den Tonus erhöhen. Günstig ist es, nach dem Aufwärmen, eine halbe Stunde vor dem Start, die Muskulatur für 5 bis 10 Minuten zu lockern. Zwischen Ganzkörpermassage und Wettkampf sollten mindestens 8 Stunden liegen. Bei starker Beinbehaarung sollten Sie die Beine rasieren, um einer möglichen Haarwurzelentzündung vorzubeugen. Für die Massage verwenden Sie Öle, die die Poren der Haut nicht verstopfen. Wählen Sie für die Vorwettkampfmassage einen erfahrenen und einfühlsamen Masseur, dann hat die Massage neben den zahlreichen physischen Wirkungen auch eine positive Wirkung auf Ihre Psyche. Nervosität und psychische Spannungszustände, wie sie beispielsweise vor Wettkämpfen nicht selten sind, können reduziert oder abgebaut werden, sei es auch nur, weil die Seele ein wenig mit‹gestreichelt› wurde.

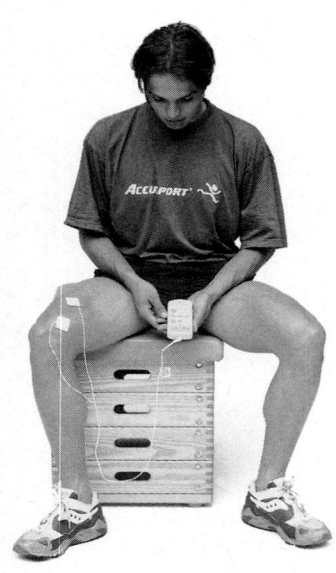

Massagegerät «Accusport relax» im Taschenkalenderformat

Elektronische Massagegeräte

Zur ‹Selbstbehandlung› sehr geeignet sind

Massagegeräte, die im TENS- (Transcutane elektrische Nervenstimulation) und
Schwellstrombereich arbeiten, wie beispielsweise das Gerät ‹Accusport Relax›. Dabei
werden rhythmische Impulse mit unterschiedlichen Frequenzen und Amplituden auf
einzelne Nerven- und Muskelfasern gegeben. Modernste Elektronik erlaubt es, elektrische Signale so zu formen, daß der Eindruck von Klopfen und Kneten der Muskulatur
entsteht. Damit können Sie Ihre Muskulatur lockern, eine verbesserte Durchblutung
von Haut und Muskulatur erreichen und bei Muskelschmerzen diese deutlich lindern.

Kälte- und Eisanwendungen
Der Kältereiz kurzer Teilbäder in lauwarmem oder kaltem Wasser hilft dem Körper,
vor allem bei hohen Temperaturen, Wärme abzugeben. Außerdem wirkt der Kältereiz
abschwellend auf belastete Gelenke. Nach dem Bad sollten Sie sich in Decken warm
einpacken und etwa 30 Minuten ruhen.

Eisanwendungen können Sie nutzen, um Schwellungen im Bereich der Gelenke zu
reduzieren und die Regeneration stark belasteter Muskelgruppen zu beschleunigen.
Dazu werden auf die betroffenen Körperpartien Eispackungen aufgelegt, oder sie
werden mit Eis abgerieben. Die Dauer einer Eisbehandlung darf 7 Minuten nicht
überschreiten. Mit der Kälteanwendung weicht das Blut aus der Haut wieder in die
Muskulatur zurück, Stoffwechselendprodukte werden schneller beseitigt und die Regeneration beschleunigt. Bei punktuellem Eiskontakt sollten Sie ein feuchtes Tuch
zwischen Haut und Eis legen, um Hautschädigungen zu vermeiden.

Solarium
Bei Nutzung eines Solariums sind die Herstellerempfehlungen zu beachten. Tägliches
‹Braten› auf der Sonnenbank sollten Sie wegen des erhöhten Hautkrebsrisikos vermeiden. Etwa 30 Solariumbesuche im Jahr scheinen der Haut nicht zu schaden. Im
Gegenteil: Besonders in der sonnenarmen Zeit sind Sonnenbäder zu empfehlen. Als
positive Wirkungen der ‹künstlichen Sonne› sind die Bildung des Vitamins D3 in der
Haut und der Gehalt von Kalzium und Phosphor sowie der Leukozyten und des Hä-
moglobins im Blut hervorzuheben. Außerdem wirkt es stimmungsaufhellend und be-
reitet Sie auf intensive Sonneneinstrahlung wie beispielsweise bei langen Wettkämpfen in sonnigen Gefilden vor. Die Gefahr eines Sonnenbrandes kann vermindert
werden, und ‹Sonnenstress› wird besser verkraftet. Sonnenanwendungen dürfen jedoch bei jeglichen Infektionskrankheiten (auch grippalen Infekten) nicht erfolgen.

Ausreichend Schlaf
Ausreichender Nachtschlaf ist besonders wichtig zur Erholung. Wachstumshormone,
die für Zellwachstum und Regeneration wichtig sind, werden vorwiegend im Schlaf
ausgeschüttet. Wieviel Stunden Schlaf der einzelne benötigt, läßt sich nicht verallge-
meinern. Für Sportler sind mindestens 7 Stunden zu empfehlen. Wenn Sie es sich lei-
sten können, ist das kurze ‹Mittagsschläfchen› (etwa 30 Minuten) regenerationsför-
dernd, insbesondere nach anstrengenden Trainingseinheiten.

Regenerations- und Kompensationstraining (REKOM)

Das REKOM-Training ist gekennzeichnet durch kurze Belastungen in niedriger Intensität, vorzugsweise in einer anderen (nicht völlig ungewohnten) Sportart. Es wirkt sich besonders günstig auf die Wiederherstellungsprozesse und die Leistungsbereitschaft aus, vor allem nach intensiven Trainings- und Wettkampfbelastungen (vgl. Programme 1, 18, 24).

Progressive Muskelrelaxation (PMR) und muskuläres Tiefentraining (mtt)

Die **progressive Muskelrelaxation** wurde in den 20er Jahren von dem Arzt Edmund Jacobson entwickelt und ist eine Methode, die über den Wechsel von Entspannung und Anspannung bestimmter Muskelgruppen einen Zustand der Entspannung herbeiführt. Das muskuläre Tiefentraining, frei von philosophischen und meditativen Ansprüchen, ist die einfachste Form der progressiven Muskelrelaxation und zielt ebenfalls auf die Entspannung einzelner Muskelgruppen ab.

Das **muskuläre Tiefentraining** (mtt) kann ohne Vorerfahrung sofort wirksam angewendet werden. Sind einzelne Muskelgruppen besonders belastet, wird die Spannung der betroffenen Muskelpartien durch kontinuierliches isometrisches Anspannen so weit erhöht, bis die Muskulatur zu zittern anfängt. Danach lösen Sie schlagartig die Spannung. Darauf reagiert der Organismus mit vermehrter Durchblutung und die Muskulatur mit einer tiefen Entspannung.

Naive Entspannungstechniken

Zu den naiven Entspannungstechniken zählt alles, was Sie gerne und mit Muße tun und Ihre Entspannung unterstützt. Für den einen ist es der Spaziergang mit dem Hund, für den anderen der Kinobesuch, Fernsehen, Musik hören, das Zusammensein mit dem Partner oder anderes. Sie sind nicht erlernbar und werden meist nicht planmäßig eingesetzt, berücksichtigen jedoch in der Regel sehr individuell die persönlichen Bedürfnisse.

ANHANG

Tabelle: Herzfrequenzwerte für das Training

Hfmax	95 %	90 %	85 %	80 %	75 %	70 %	65 %	60 %	55 %
210	200	189	179	168	158	147	137	126	116
208	198	187	177	166	156	146	135	125	114
206	196	185	175	165	155	144	134	124	113
204	194	184	173	163	153	143	133	122	112
202	192	182	172	162	152	141	131	121	111
200	190	180	170	160	150	140	130	120	110
198	188	178	168	158	149	139	129	119	109
196	186	176	167	157	147	137	127	118	108
194	184	175	165	155	146	136	126	116	107
192	182	173	163	154	144	134	125	115	106
190	181	171	162	152	143	133	124	114	105
188	179	169	160	150	141	132	122	113	103
186	177	167	158	149	140	130	121	112	102
184	175	166	156	147	138	129	120	110	101
182	173	164	155	146	137	127	118	109	100
180	171	162	153	144	135	126	117	108	99
178	169	160	151	142	134	125	116	107	98
176	167	158	150	141	132	123	114	106	97
174	165	157	148	139	131	122	113	104	96
172	163	155	146	138	129	120	112	103	95
170	162	153	145	136	128	119	111	102	94
168	160	151	143	134	126	118	109	101	92
166	158	149	141	133	125	116	108	100	91
164	156	148	139	131	123	115	107	98	90
162	154	146	138	130	122	113	105	97	89
160	152	144	136	128	120	112	104	96	88
158	150	142	134	126	119	111	103	95	87
156	148	140	133	125	117	109	101	94	86
154	146	139	131	123	116	108	100	92	85
152	144	137	129	122	114	106	99	91	84
150	143	135	128	120	113	105	98	90	83

Tabelle:
Geschwindigkeit und Übersetzung

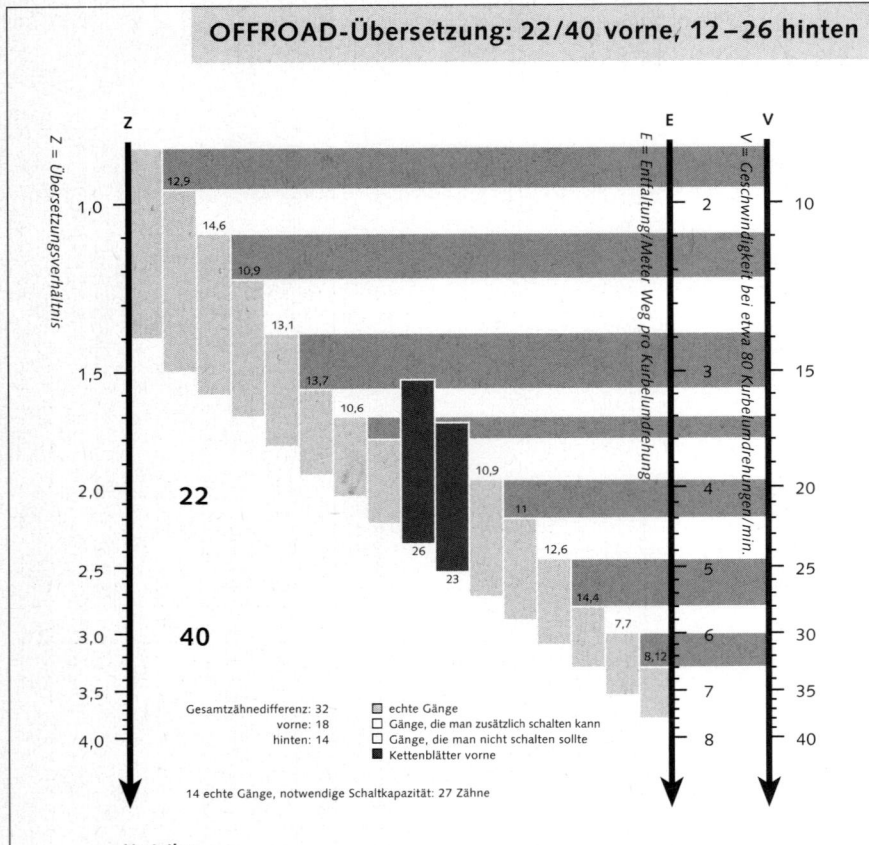

OFFROAD-Übersetzung: 22/40 vorne, 12–26 hinten

Vorteile:
- Vorne nur zwei Kettenblätter, dadurch Gewichtsersparnis.
- Größere Bodenfreiheit, da die Kettenblätter kleiner sind.
- Kürzere Kette, dadurch geringeres Gewicht.
- Größere Kettenspannung, dadurch kein Abspringen bei schnellen Abfahrten.
- Kürzerer Schaltkäfig möglich, dadurch geringeres Gewicht und höhere Schaltpräzision.
- Die Übersetzungsstufen zwischen den fahrbaren Gängen sind relativ klein. Dadurch stehen 14 echte Gänge zur Verfügung.
- Größere Übersetzung (im Verhältnis zur Standard-Schaltung), was steile Anstiege erleichtert.

Nachteile:
- Der größte Gang ist für schnelle Abfahrten zu langsam.
- Weniger Komfort und hohes technisches Können erforderlich, um alle effektiven Gänge ausschöpfen zu können (gegengleich schalten).
- Für das kleine Kettenblatt vorne ist ein spezieller Adapter notwendig.

Tabelle:
Windkühlungseffekt

Kühlstärke des Windes auf der Haut, ausgedrückt als Temperaturäquivalent bei Windstille.

Windkühlungseffekt (Fahrenheit)

Windgeschwindigkeit		Aktuelle Temperatur (Celsius)											
m/s	km/h	20	15	10	5	0	−5	−10	−15	−20	−25	−30	−35
		Äquivalent des Windkühlungseffekts (Celsius)											
0	0	20	15	10	5	0	−5	−10	−15	−20	−25	−30	−35
2	7	20	15	10	5	−1	−6	−11	−16	−21	−26	−31	−36
4	14	18	12	6	0	−6	−12	−18	−24	−30	−36	−42	−48
6	22	16	10	3	−4	−10	−17	−23	−30	−36	−43	−49	−56
8	29	15	8	1	−6	−13	−20	−27	−34	−41	−48	−55	−62
10	36	14	7	0	−7	−15	−22	−29	−37	−44	−51	−58	−66
12	43	14	6	−1	−9	−16	−24	−31	−39	−46	−54	−61	−69
14	50	13	6	−2	−10	−17	−25	−33	−40	−48	−56	−64	−71
16	58	13	5	−3	−11	−18	−26	−34	−42	−50	−57	−65	−73
18	65	13	5	−3	−11	−19	−27	−35	−43	−51	−59	−66	−74
20	72	13	5	−3	−11	−19	−27	−35	−43	−51	−59	−67	−75
22	79	12	4	−4	−12	−20	−28	−36	−44	−52	−60	−68	−76
24	86	12	4	−4	−12	−20	−28	−36	−44	−52	−60	−68	−76
26	94	12	4	−4	−12	−20	−28	−36	−44	−52	−60	−68	−76
28	101	12	4	−4	−12	−20	−28	−36	−44	−52	−60	−68	−76
30	108	12	5	−3	−11	−19	−27	−35	−43	−51	−59	−67	−75

Literaturhinweise

Brechtel, C.: Muskuläres Tiefentraining, Neue Wege zur Entspannung. Staufenburg Klinik, Durbach 1988.
Ebersbächer, H.: Sportpsychologie. Reinbek bei Hamburg 1993.
Freiwald, J.: Aufwärmen im Sport. Reinbek bei Hamburg 1991.
Frey, G./E. Hildenbrandt: Einführung in die Trainingslehre. Teil 1: Grundlagen. Schorndorf 1994.
Fuchs, V./Reiß, M.: Höhentraining. Münster 1990.
Grosser, M.: Training der konditionellen Fähigkeiten. Schorndorf 1989.
Hottenrott, K.: Trainingssteuerung im Ausdauersport. Ahrensburg bei Hamburg 1993.
Hottenrott, K./Zülch, M.: Ausdauerprogramme. Erfolgstraining für alle Sportarten. Reinbek bei Hamburg 1995.
Hottenrott, K./V. Urban: Handbuch für Skilanglauf. Aachen 1996.
Jacobson, E.: Entspannung als Therapie. München 1993.
Knebel, K.-P.: Funktionsgymnastik. Reinbek bei Hamburg 1994.
Kunz, H.-R./Schneider, W./Spring, H./Tritschler, T./Inauen, E. U.: Krafttraining. Stuttgart–New York 1990.
Lindner, W.: Erfolgreiches Radsporttraining. Vom Amateur zum Profi. München 1993.
Neumann, G./D. Feyerabend: Einfluß von Sporttextilien auf die Herzschlagfrequenz und Lactatregulation im Laufband-Stufentest. Vortrag beim 34. Deutschen Sportärztekongreß, Saarbrücken 1995.
Neumann, G./A. Pfützner/K. Hottenrott: Alles unter Kontrolle. Ausdauertraining. Aachen 1993.
Rey, H./T. Rögner: No way – Bike-trials-Tricks. Bielefeld 1996.
Rieder, H./D. Riffelt/S. Vierneisel: Regeneration nach sportlicher Belastung. Leistungssport 18 (1988) 4, 8–15.
Sommer, H. M./Rohrscheidt, Ch. v./Arza, D.: Leistungssteigerung und Prophylaxe von Überlastung und Verletzung des Haltungs- und Bewegungsapparates im Sport durch «Alternative» Gymnastik. In: Leichtathletik 51/52 (1987), 1763–1766.
Spring, H./Illi, U./Kunz, H.-R./Röthlin, K./Schneider, W./Tritschler, T.: Dehn- und Kräftigungsgymnastik. Stuttgar–New York 1986.
Unger, E.: Handbuch für Muskeltraining. Aachen 1995.
Weiß, Christof (Red.): Handbuch Radsport. München, Wien, Zürich 1996.

Fotonachweis

Kuno Hottenrott / Martin Zülch: 16, 17, 20, 24, 31, 33, 45, 46
Polar Electro GmbH (Klein-Gerau): 27
Hestia, Accusport (Mannheim): 19

Die Autoren

Dr. Kuno Hottenrott, Jahrgang 1959, arbeitet am Institut für Sportwissenschaft und Motologie der Philipps-Universität Marburg. Für die Deutsche Triathlon Union war er fünf Jahre erfolgreich Bundestrainer der Junioren und betreut seit 1995 die ungarische Triathlon-Nationalmannschaft. Er ist Verfasser zahlreicher Bücher und Publikationen zum Ausdauersport sowie zu trainingswissenschaftlichen und sportmedizinischen Fragen.

Martin Zülch, Jahrgang 1962, ist Diplomsportlehrer und arbeitet in einer Klinik für Psychosomatik und Verhaltenstherapie. Er ist B-Trainer in den Sportarten Fußball, Schwimmen und Triathlon. Außerdem ist er DSV-Skilehrer und in der Übungsleiterausbildung tätig.

Die Autoren sind selbst aktive Ausdauersportler und arbeiten seit vielen Jahren in der professionellen Betreuung von Mountainbikern, Marathonläufern, Duathleten und Triathleten zusammen. Sie haben namhafte Athleten auf Europa- und Weltmeisterschaften vorbereitet. Ihre langjährigen Erfahrungen geben sie mit der Buchserie «Ausdauertrainer» an ambitionierte Sportler weiter.

Unser besonderer Dank gilt Annette Zülch, Markus Siebert und Normann Stadler, die bei den Fotoaufnahmen mitgewirkt haben, sowie Regina Marunde, Kai Baumgartner und Karl-Heinz Unger für ihre fachlichen Hinweise.

Bücher zum Thema aus der Reihe rororo sport

Anti-Cellulite-Training.
Das Programm für eine schöne Haut (9412)

Aqua-Training.
Übungen und Programme (8698)

Ausdauergymnastik.
Neue Aerobics von 20 bis 70 (8693)

Besser laufen. Das 30-Tage-Programm (8664)

Bewegung gegen Streß.
Das sanfte 5-Wochen-Programm (9423)

Bodyfit. In 12 Wochen eine tolle Figur (9450)

Bodytrainer für Männer: Fit von Kopf bis Fuß (9439)

Bodytrainer für Männer: Bauch (9438)

Bodywatch. Gut aussehen und sich wohl fühlen (9422)

Extension. Entspannung, Vitalität, Regeneration.
Das tägliche 20-Minuten-Programm (9425)

Gymnastik falsch und richtig.
Hits für einen gesunden Körper (9430)

Partnergymnastik. Mehr Fitness-Spaß zu zweit (8686)

Problemzonen-Gymnastik.
Das Programm für eine Top-Figur (9411)

Qi-Gong – Wege zu den Energiequellen des Körpers (9442)

Der Rückentrainer. Vorbeugen mit dem Aktivprogramm (9413)

Trainingsbuch Thera-Band.
Das Programm für Fitness und Gesundheit (9452)

Walkfit · Das sanfte Bodytraining (9444)

Das Wellness-Programm.
Mit dem richtigen Gewicht zu mehr Wohlbefinden (9441)

Bring dich in Schwung!
Das ganz leichte Fitness-Programm (9446)

Wege zum Wunschgewicht (9792)

Rowohlt